Christian Möller

Lasst die Kirche im Dorf!

Gemeinden beginnen den Aufbruch

Vandenhoeck & Ruprecht

Bibliografische Information der Deutschen Nationalbibliothek

Die Deutsche Nationalbibliothek verzeichnet diese Publikation in der
Deutschen Nationalbibliografie; detaillierte bibliografische Daten sind
im Internet über http://dnb.d-nb.de abrufbar.

ISBN 978-3-525-69202-8

Druck und Bindung: ⊕ Hubert & Co, Göttingen

Gedruckt auf alterungsbeständigem Papier.

Meiner Schwester Adelheid

und meinem Schwager Christoph

zu ihren 70. Geburtstagen

Inhalt

Vorwort

„Lasst die Kirche im Dorf!", sagt man, wenn abseitige Vorschläge, exotische Ideen, künstliche Pläne auf den Tisch kommen, die gut gemeint, aber selten gut sind, weil sie das Nächstliegende übersehen und die Probleme nur noch vergrößern. Mit dem 2006 erschienenen Impulspapier der EKD „Kirche der Freiheit. Perspektiven für die Evangelische Kirche im 21. Jahrhundert" ist eine Fülle an Ideen, Vorschlägen und „Leuchtfeuern" für die Reform der Kirche auf den Tisch gekommen, die gut gemeint und aus großer Sorge um die Zukunft der Evangelischen Kirche erarbeitet sind. Wie diese Vorschläge die Probleme in Wahrheit vergrößern, hat unter den vielen Kritikern des Impulspapieres der Bochumer Sozialethiker Günther Thomas in seinem Aufsatz „10 Klippen auf dem Reformkurs der Evangelischen Kirche in Deutschland. Oder: Warum die Lösungen die Probleme vergrößern"[1] wohl am schärfsten herausgearbeitet.

Das Einfache und Nächstliegende scheint oft das Allerschwierigste zu sein. Im Blick auf den Weg der Evangelischen Kirche heißt das, dort innezuhalten und hinzuschauen, wo sie „Kirche der kurzen Wege" und nahe bei den Menschen ist, wo die Glocken zum Gebet und zum Gottesdienst einladen, wo Kinder oder Erwachsene getauft, Jugendliche unterwiesen, Eheleute getraut, Kranke gepflegt, Sterbende begleitet und Tote begraben werden. Wer hier gleich Zahlen anmahnt und Defizite einklagt, wird blind für das Einfache und flüchtet zu künstlichen Lösungen, die die Probleme nur vermehren.

---

[1] Evangelische Theologie 67, 2007, 361–387.

Wenn in den folgenden Beiträgen eine „Umkehr zu Nächst-liegendem" in den Blick kommt, so verdanken sich die einzelnen Vorschläge und Überlegungen den Gesprächen mit Kirchenältesten, Pfarrern und Pfarrerinnen, die sich auf Grund meiner „Briefe an Kirchenälteste zum Gemeindeaufbau"[2] ergaben. Ich bin dankbar dafür, dass sich die 21 Briefe, die ich 1993 veröffentlichte, bisher in sechs Auflagen verbreiteten und sogar in fünf weitere Sprachen[3] übersetzt wurden. Auf diese Weise kam ich mit ganz vielen Menschen in Kontakt, die für ihre Kirche arbeiten, an ihr leiden, für sie beten und dankbar dafür sind, dass es in ihrer Nähe eine Kirche gibt.

Der aktuelle Anlass dieses Buches sind Gemeinden, die den Aufbruch in die eigenständige, basisorientierte Arbeit mit der Kirche beginnen und gegenseitige Selbsthilfe im nächstliegenden Umfeld unternehmen, wie etwa der „Gemeindebund" in Berlin-Brandenburg, die Arbeitsgemeinschaft „Kirche im Dorf" in Kurhessen, der „Aufbruch Gemeinde" in Bayern. Wenn die Beiträge dieses Buches dazu helfen, dass solche Anfänge sich ausweiten und aus einer von oben her verwalteten und gestalteten Betreuungskirche eigenständig handelnde und lebendige „Beteiligungsgemeinden" an der Basis werden, dann wäre das Anliegen dieses Buches zum Ziel gekommen: Die Kirche bleibt „im Dorf"; sie bleibt „Kirche der kurzen Wege", ist nahe bei den Menschen und wird als „Geschöpf des Wortes" (creatura verbi) von einer Nähe bestimmt, wie sie der Apostel Paulus aus Dtn 30 neu zu Gehör bringt: „Das Wort ist dir nahe, in deinem Munde und in deinem Herzen"(Röm 10,9).

Heidelberg, Pfingsten 2009 Christian Möller

---

[2] Christian Möller, „Wenn der Herr nicht das Haus baut…". Briefe an Kirchenälteste zum Gemeindeaufbau, Göttingen 1993.

[3] Koreanisch, japanisch, portugiesisch, ungarisch, dänisch.

A   Umkehr zu Nächstliegendem

Zur Einführung

Christian Nürnberger, aus Franken stammender Publizist, der als Lokalreporter bei der Frankfurter Rundschau und später als freier Autor u. a. für die Süddeutsche Zeitung geschrieben hat, mischte sich mit seinem Buch „Kirche, wo bist du?" (München 2000), in die Diskussion über die Zukunft der Kirche ein und wurde seitdem häufig zu Vorträgen in kirchliche und theologische Kreise eingeladen. Am 3. 11. 2003 sprach er beim 34. Rheinischen Pfarrerinnen- und Pfarrertag in Bonn zum Thema: „Warum McKinsey für die Kirche keine Lösung ist".[1] Am Ende dieses Vortrags kommt Nürnberger auf seine eigene kirchliche Sozialisation in einer fränkischen Dorfkirchengemeinde zu sprechen und konfrontiert seine Erinnerungen an frühere Zeiten mit neueren kirchlichen Tendenzen, Pfarrstellen zu streichen, Kirchengemeinden zu fusionieren oder zu regionalisieren. Er macht deutlich, was dadurch an menschlicher Nähe verloren geht, und wo es in der Kirche heute wahrhaft zu sparen lohnt:

> Ich wäre nicht der, der ich geworden bin, wenn es in meinem fränkischen Dorf nicht einen Pfarrer, eine Gemeinde und die damit verbundene Infrastruktur gegeben hätte. Ich blicke dankbar auf meine Kindheit zurück, und weil ich will, dass jedes Dorf seine Kirche und seinen Pfarrer haben soll, bleibe ich in der Kirche und zahle gerne meine Kirchensteuer. –

> Nun höre ich aber von verschiedenen Seiten, zum Beispiel aus der Landeskirche Hannover, oder auch aus Mecklenburg, dass auf den Rat der Unternehmensberater hin jetzt Pfarrstellen gestrichen und

---

[1] Badisches Pfarrvereinsblatt 3, 2005, 59 – 74, ebd. 70 – 72.

11

Gemeinden zusammengelegt werden, und zwar unter dem Stichwort „Regionalisierung". Ortsgemeinden solle es auch noch geben, aber von Ehrenamtlichen geleitet. Hauptamtliche sollen nur noch übergemeindlich in der Region tätig sein, Pfarrer brauche man nur noch für die lokale „Grundversorgung". Das Einsparen von Pfarrstellen würde man in den Gemeinden nicht merken, denn durch „Kooperation in der Region" entstünden „Synergieeffekte". So könne der Konfirmandenunterricht im Kurssystem gehalten werden. Jede Mitarbeiterin hat ein Thema, mit dem sie herumreist und die Gruppen in der Region unterrichtet. Jede Pfarrerin, jeder Pfarrer macht im Monat nur noch eine Predigt und hält sie vier Mal an verschiedenen Orten in der Region. Die Osterpredigt wird dann also zum letzten Mal kurz vor Pfingsten gehalten, die Weihnachtspredigt kurz vor Beginn des Karnevals.

Wenn ich das Wort „Regionalisierung" höre, dann erinnere ich mich an die Gebietsreform in Bayern vor rund 30 Jahren. Ich wohnte damals in meinem fränkischen Dorf, und das war politisch eine selbständige Gemeinde mit einem eigenen Bürgermeister und Gemeinderat, die von den Dorfbewohnern direkt gewählt wurden. Durch diese politische Selbständigkeit herrschte in dem Dorf eine Verwaltung der kurzen Wege. Hatte man ein neues Auto anzumelden, ging man zu Fuß zum Bürgermeister, holte sich die Nummernschilder ab, und abends brachte einem der Bürgermeister den KfZ-Brief und den Schein persönlich vorbei. Samstag kehrte man die Strasse. Wenn irgendwo ein Wasserbruch war, wusste man sofort, wer ihn schnellstens beheben kann. Wenn eine Dorflaterne nicht brannte, sagte man es abends dem Bürgermeister oder Gemeindediener im Wirtshaus, und am nächsten Morgen wurde die Lampe ausgetauscht. Wenn dem Zaun ums Feuerwehrhaus eine Latte fehlte, hat sie derjenige, dem das Fehlen auffiel, einfach wieder eingesetzt. Kurz und gut: Man fühlte sich in seinem Dorf für das Dorf verantwortlich. – Dann kam die Gebietsreform, das Dorf wurde Stadtteil und Vorort, und plötzlich fühlten sich die Leute nicht mehr so verantwortlich für ihr Dorf, denn dafür war ja jetzt die Stadt zuständig. Man kehrte samstags nicht mehr die Strasse, weil alle zwei Wochen die Kehrmaschine der Stadt kam. Wenn die Dorflaterne nicht mehr brannte, brannte sie längere Zeit nicht mehr, weil niemand genau wusste, wo in der Stadt man anrufen sollte, und außerdem wars ja wurscht, das ging einen jetzt ja nicht mehr so viel an, weil es ja jetzt eine Angelegenheit der Stadt ist. ...

Und nun will auch noch die Kirche die Dörfer verlassen, will die vor 30 Jahren gemachten Fehler wiederholen und kommt sich dabei modern vor. Es ist aber nicht modern, wenn jetzt jede einzelne Gemeinde ihre Existenzberechtigung nachweisen muss. Wenn irgend jemand in der Kirche keines Nachweises seiner Existenzberechtigung bedarf, dann ist das die Gemeinde. Und wer zu beweisen hat, dass seine Existenz für die Kirche unbedingt nötig ist, das sind Regionalbischöfe, Bischöfe, Landeskirchenämter und Stabsstellen für Öffentlichkeitsarbeit. Die Urkirche hat sich aus Gemeinden entwickelt und ist bestens ausgekommen ohne all diese Häuptlinge und Wasserkopf-Bürokratien. Die Kirche kann auf Landeskirchenämter und Stabsstellen für Öffentlichkeitsarbeit und auf vieles andere verzichten, aber nicht auf Gemeinden. Und darum halte ich es für grundverkehrt, bei den Gemeinden zu sparen und das eingesparte Geld für neue Planstellen in den Landeskirchenämtern zu verpulvern. Wenn gespart werden muss, dann muss oben angefangen werden, nicht unten.

Durch Nürnbergers Ausführungen zieht sich im Grunde ein Ruf: „Lasst die Kirche im Dorf!" Dabei muss wohl kaum betont werden, dass „Dorf" hier für überschaubare, menschliche Verhältnisse steht und durch Namen wie „Kreuzberg, St. Pauli oder Köln-Sülz" ersetzt werden kann. Verschwindet die Kirche aus dem „Dorf", so geht etwas Entscheidendes an menschlicher Nähe verloren. So brachte es ein ehemals kommunistischer Bürgermeister beim Wiederaufbau einer verfallenen Dorfkirche in den neuen Bundesländern zum Ausdruck: „Das Dorf braucht eine Seele!" Die Seele mag in dem Klang der Glocken ebenso wie in dem Dasein und der Pflege eines Kirchengebäudes oder in der Präsenz eines Pfarrers oder in der Fürbitte einer Gemeinde zum Ausdruck kommen. Am deutlichsten macht wohl das Taufbecken eine Kirche zur Ortskirche, denn die Taufe fügt die Menschen am Ort zum „Priestertum aller Getauften" zusammen.

Im Kern streitet Christian Nürnberger nicht gegen „die da oben" oder „die da unten", sondern für ein gemeinsames „Priestertum aller Getauften", in dem es eine nicht mehr herrschende, sondern wirklich dienende Leitung der Kirche gibt, Landeskirchenämter radikal verschlankt werden und Finanzmittel frei werden, die den Gemeinden vor Ort zugute kommen.

„Eia wären wir da!" Aber wir sind nicht da, sondern eher dort, wohin die Karikatur weist: Einem in Terminen, Besuchen, Erwartungen und Zumutungen hilflos rudernden Pfarrer rufen Gemeindeberater, Kirchenverwalter und Leitende pausenlos Parolen und Zielvorgaben zu:

**Mit
aller Kraft
voraus!**

In dürren Zahlen einer Landeskirche ausgedrückt:
„Von 1954–2004 ist in der hannoverschen Landeskirche die Zahl der Kirchenmitglieder von 3,9 auf 3,1 Millionen, d. h. um 20,5 % gesunken; die Zahl der GemeindepastorInnen liegt leicht unter dem Stand von 1954, die Zahl der übergemeindlichen PastorInnen ist jedoch um 400 gestiegen; die Zahl der MitarbeiterInnen stieg sogar um 600 %, von ca. 5000 auf ca. 30000, darunter 6000 Kindertagesstätten."(H. Dieckmann, „Mentalitätswandel" auch der Kirchenleitung? Weitere Anfragen zum EKD-Impulspapier vom Juli 2006 „Kirche der Freiheit", DtPfBl 11, 2006, 575–578, ebd. 577).

Was tun? Vor dem Tun steht das Umdenken, aus dem Umkehr zu Nächstliegendem folgt. Um ein vierfaches Umdenken geht es in Teil A:

1. Von der Betreuungskirche zu Beteiligungsgemeinden. Gemeinden beginnen den Aufbruch
2. Von der Sorge um die Zukunft zur befreiten Besorgung des Nächstliegenden: „Es ist genug, dass jeder Tag seine Plage hat"
3. Von der Suche nach „Qualitätssicherung" zur Wiederentdeckung reformatorischer „Taufqualität"
4. Von der Resignation zum Vertrauen (Predigt Hebr 10)

1. Von der Betreuungskirche zu Beteiligungsgemeinden

Gemeinden beginnen den Aufbruch[2]

Dass aus einer „Betreuungskirche" „Beteiligungsgemeinden" werden, die bewusst den Weg der Kirche vor Ort selber gestalten wollen, indem sie sich als Basis der Kirche begreifen und daraus Konsequenzen ziehen – diese Forderung müsste doch eigentlich bei Kirchenleitungen, Synoden und überparochialen Diensten Freude auslösen. Sie bekommen es in selbstbewusst werdenden Ortsgemeinden mit einer nachbarschaftlichen Gestalt der Kirche zu tun, einer „Kirche der kurzen Wege", in der sich über den Gartenzaun oder bei Straßenbegegnungen vieles so einfach und rasch klären lässt, was auf dem Dienstweg und bei größeren Distanzen oft schwierig sein kann. Worauf es bei Beteiligungs-gemeinden ankommt? In der Kirche Nähe entdecken in Gestalt von einfachen, sinnlichen, nächstliegenden Vorgängen, wie sie eben vor Ort leicht zu gestalten sind. Das ist ja auch der ursprüngliche Sinn von Parochie als nachbarschaftliche Gestalt einer „Kirche der kurzen Wege"!

Wie diese Kirche geschichtlich ihre Gestalt gewonnen hat, soll zuerst an einigen Grundentscheidungen der Heiligen Schrift, an Martin Luther und an Grundsätzen der Barmer Bekenntnissyn-ode von 1934 in Erinnerung gerufen werden.[3]

Biblische Orientierung

Der Apostel Paulus richtet seine Briefe an die „Gemeinde Gottes in Korinth" (1Kor 1,2) oder „an alle Geliebten und berufenen Heiligen in Rom" (Röm 1,7) oder „an alle Heiligen in Christus Jesus in Philippi" (Phil 1,1). „Geheiligt" sind die Christen durch

---

[2] Überarbeitete Fassung eines Vortrags beim Aktionstag fränkischer Gemeinden in Nürnberg am 11.10.2008.

[3] Vgl. auch G. Holtz, Die Parochie. Geschichte und Problematik, HfG 40, 1967; U. Pohl-Patalong, Von der Ortskirche zu kirchlichen Orten. Ein Zukunftsmodell, Göttingen 2006.

die Taufe. Von der Taufe her wächst die Gemeinde an diesem oder an jenem konkreten Ort. Die christlichen Gemeinden tauschen die Briefe der Apostel untereinander aus und bewähren Solidarität in der Kollekte mit der Jerusalemer Gemeinde (2Kor 8 f). So wächst eine untereinander verbundene, vernetzte Kirche von unten heran, die als Leib Christi ökumenische Weite hat. In der Offenbarung des Johannes gibt es schließlich Sendschreiben an die Gemeinden Kleinasiens, deren Siebenzahl das Ganze der Kirche symbolhaft darstellen soll. Und doch ist ein Sendschreiben an die Gemeinde in Ephesus oder eins an die Gemeinde in Sardes usw. gerichtet, als wären es schon Ortsgemeinden, während sie doch meist noch im Untergrund als Hausgemeinden leben müssen. Jedes Sendschreiben beginnt mit dem Sätzchen „An den Engel der Gemeinde schreibe" und endet mit dem bezeichnenden Satz: „Wer Ohren hat zu hören, der höre!". Es geht um die bei den Ohren genommene und zum Hören aufgerichtete Gemeinde vor Ort, die im Licht ihres Engels angesprochen wird. Jede dieser Gemeinden wird auf spezifische Weise bei den Ohren genommen, die eine in Philadelphia wird ermutigt, die andere in Sardes gewarnt, die dritte in Laodicea getadelt. Und doch sind alle Gemeinden vor Ort füreinander geöffnet zur Ökumene des Leibes Christi.

Reformatorische Orientierung

„Dass eine christliche Versammlung oder Gemeine Recht und Macht habe, alle Lehre zu beurteilen und Lehrer zu berufen, ein- und abzusetzen, Grund und Ursache aus der Schrift. 1523"[4] – das ist eine der frühesten und zugleich radikalsten Schriften Luthers zur reformatorischen Ordnung der Kirche. Erbeten wurde diese Schrift von dem kleinen, sächsischen Städtchen Leisnig, das angesichts einer Pfarrvakanz von Luther gutachtlich wissen will, ob und inwieweit sie (vergeblich) darauf warten muss, bis sie von Rom über den Bischof und das nahe gelegene Kloster Bruch einen

---

[4] WA 11,408–416. Ich zitiere alle drei Schriften Luthers an die Stadt Leisnig aus der Inselausgabe, Frankfurt 1982, Bd. 5,7–32.

Priester eingesetzt bekommt, oder ob sie selbst das Recht dazu hat, nach vorher erfolgter Anhörung der Kandidaten selbst einen Pfarrer zu berufen. Weiterhin will der Rat der Stadt Leisnig wissen, wie mit dem Geld, das in einem gemeinen Kasten für die Besoldung des Pfarrers zusammenkommt, verantwortlich umgegangen werden kann. Eine dazu in Leisnig erarbeitete Ordnung wird von Luther begutachtet und mit einem Vorwort versehen. Schließlich will die Leisniger Gemeinde von Luther wissen, wie der Gottesdienst neu geordnet werden soll. Alle drei Antworten Luthers sind insofern radikal, als sie die bisher von oben her erfolgte Ordnung der Kirche umkehren und die Gemeinde von Leisnig in die Lage versetzen, nach biblischen Maßstäben nun selbst zu urteilen, zu wählen, zu ordnen und ihr Geld selbständig zu verwalten. Den biblischen Maßstab, den Luther zur Geltung bringt, findet er in Jesu Wort aus Joh 10,27: „Meine Schafe kennen meine Stimme". Daraus folgert er: „Hier siehst du ganz klar, wer das Recht hat, über die Lehre zu urteilen: Bischof, Papst, Gelehrte und jedermann hat die Vollmacht zu lehren, aber die Schafe sollen urteilen, ob sie die Stimme Christi oder die Stimme der Fremden lehren." Im Hören der versammelten Gemeinde kommt für Luther heraus, was Stimme Christi oder Stimme eines Fremden ist. Die hör- weil urteilsfähige Gemeinde ist die eigentliche Basis einer reformatorisch gereinigten und vom Kopf auf die Beine gestellten Kirche. Deshalb tut Luther durch Bibelübersetzung, Katechismen, Lieder und Volksschriften alles dafür, dass urteilsfähige Gemeinden entstehen.

Die Schriften an die Leisniger Gemeinde sind freilich kein Flächen deckender Plan für eine mögliche Kirchenreform, wie ihn 1526 der reformierte Theologe Franz Lambert von Avignon auf Bitten des hessischen Landgrafen Philipp zur Reform der hessischen Gemeinden entworfen hatte. Als der Landgraf diesen Reformplan an Luther sandte, um dessen Meinung zu erbitten, bekam er am 7.1.1527 eine denkwürdige Antwort aus Wittenberg:

> Ich bin bisher noch nicht so kühn gewesen, einen solchen Haufen von Gesetzen mit so gewaltigen Worten bei uns einzuführen...Eure Fürstlichen Gnaden sollte zuerst die Pfarren und Schulen mit tüch-

tigen Personen versehen und zuvor erproben, mit mündlichen Befehlen und schriftlichen Mandaten – und das alles aufs Kürzeste und Notwendigste beschränkt, was sie tun sollen. Und noch viel besser wäre es, wenn die Pfarrer zuerst einer, drei, sechs, neun untereinander eine einheitliche Weise in einem oder drei, fünf, sechs Stücken anfingen, bis sie in Übung und Gebrauch kommen, und danach weiter und mehr, wie sich die Sache wohl selbst geben und überzeugen wird, so lange, bis alle Pfarrer nachfolgen. Dann erst könnte man es in einem Büchlein zusammenfassen. Denn weiß es wohl und habe es auch wohl erfahren, dass die Gesetze, wenn sie zu früh und vor der Gewohnheit und der Übung festgesetzt werden, selten gut geraten. Die Leute sind nicht für das befähigt, was diejenigen für richtig halten, die am grünen Tisch sitzen und mit Worten und Gedanken sich ausmalen, wie es gehen sollte. Vorschreiben und Befolgen ist weit auseinander.[5]

Hier wird geradezu klassisch Luthers Weise deutlich, mit den evangelisch aufwachenden Gemeinden wie Leisnig u. a. umzugehen: Er gibt ihnen einen Ratschlag, falls er darum gebeten wird und wartet dann ab, ob und wie sich dieser Ratschlag bewährt, zuerst bei dieser Gemeinde, dann bei zwei oder fünf oder sieben anderen Gemeinden, bis endlich der Zeitpunkt kommt, dass sich aus der erprobten Praxis heraus eine gemeinsame Ordnung ergibt, die in aller Vorläufigkeit aufgeschrieben werden kann. „Eine Gemeinde ahme die andere frei nach". Das ist der evangelische Zugang zu einer Ordnung in Freiheit, wie sie sich jeweils vor Ort im Hören auf das Evangelium langsam einstellt, ganz im Gegensatz zu der bisher von oben verordneten und rechtlich fixierten römischen Ordnung.

Urteilsfähige Gemeinden 1934

Erinnern will ich auch an die Bekennende Kirche im Dritten Reich, die entscheidend von urteilsfähigen Gemeinden vor Ort geprägt wurde wie z. B. der Kirchengemeinde in Berlin-Dahlem, der die Ohren und der kritische Verstand durch das Hören auf die

---

[5] WA Br 4, 157 f; Nr. 1071.

Predigten Martin Niemöllers geschärft wurden. Gemeinden dieser Art taten sich im Mai 1934 zur Barmer Synode zusammen und beschlossen die Theologische Erklärung von Barmen in sechs Punkten. Dazu kam eine „Erklärung zur Rechtslage der Kirche", in der es heißt: „Die hierarchische Gestaltung der Kirche widerspricht dem reformatorischen Bekenntnis. Ihre echte kirchliche Einheit kann die Deutsche Evangelische Kirche nur auf dem Wege gewinnen, dass sie ... der Gemeinde als der Trägerin der Wortverkündigung den ihr gebührenden Platz lässt."[6] Grundsätze dieser Art haben dann auch den Wiederaufbau der Evangelischen Kirche in Deutschland nach dem 2. Weltkrieg bestimmt. Grundlegend wurden die Ortsgemeinden, auf die alle anderen Dienste der Kirche ausgerichtet waren.

Die Kritik an der Ortsgemeinde

Die Kritik an der Ortsgemeinde als dem tragenden Fundament der Evangelischen Kirche setzte etwa um 1960 ein und fand ihren ersten Höhepunkt in der 1967 veröffentlichten Studie des ÖRK „Die Kirche für andere und die Kirche für die Welt im Ringen um Strukturen missionarischer Gemeinden", Genf 1967. Da heißt es programmatisch: „Solange die Kirchen dabei beharren, die Parochie oder die Ortsgemeinde als die normative Struktur zu betrachten, werden sie dem Leben in seinen wichtigsten Aspekten nicht begegnen" (ebd. 33 f).

Es hatte freilich schon seit dem 18. Jahrhundert erweckte Kreise, Schloss- und Hausgemeinden, landeskirchliche oder freikirchliche Gemeinschaften gegeben, die sich von der Ortsgemeinde separierten, weil hier Gläubige und Ungläubige als ein „corpus permixtum" (eine gemischte Gesellschaft von Gläubigen und Ungläubigen, vgl. CA VIII) beisammen seien. Es hat im 19. Jahrhundert Diakonievereine gegeben, die die Liebestätigkeit der Kirche betonten und die Ortsgemeinde als diakonisch träge kritisierten. Auch blühte im 20. Jahrhundert die Ordensgestalt in

---

[6] Die Bekenntnisse des Jahres 1934, ges. u. eingel. v. Kurt Dietrich Schmidt, Göttingen 1935, 95 f.

der Evangelischen Kirche mit immer mehr Kommunitäten wie Selbitz oder den Schwestern des Casteller Ring wieder auf. Diese und ähnliche Gruppen rüttelten aber nicht an der Parochie als tragendem Fundament der Kirche, sondern versucht die Parochie zu ergänzen und zu erweitern, und das in der Regel so, dass sie für die Kirche keine neuen Kosten verursachen, weil sie sich selbst finanzieren und nicht von der Kirchensteuer der Ortsgemeinden profitieren wollen.

Die von der ÖRK-Studie ausgehende Kritik war fundamentaler, denn sie stellte die Parochie als das tragende Fundament der Kirche grundsätzlich in Frage, weil sie „nur einen kleinen Sektor des Lebens" ausmache, während der viel größere Sektor des Lebens in einer pluralistischen Gesellschaft ausgeblendet bleibe. Um den zu erreichen, müssten neue kirchliche Organisationen aufgebaut werden. Deshalb sollten Industriepfarrämter, Sozialpfarrämter, Akademiearbeit, Umweltpfarrämter, Schulpfarrämter, Beratungsstellen, Citypfarrstellen, Diakoniepfarrämter usw. eingerichtet werden.

Ein Impulspapier der EKD „Kirche der Freiheit", Hannover 2006, hat diese Kritik des ÖRK-Papiers noch verschärft und mit radikalen Perspektiven zur „Weiterentwicklung" versehen. Die klassische Parochialgemeinde solle „fortentwickelt" werden, weil sie „im Blick auf missionarische Herausforderungen und geistliche Qualitätsansprüche der Weiterentwicklung wie der Ergänzung" (54) bedürfe. In den Orts-Gemeinden stehe zu oft „eine vereinsmäßige Ausrichtung mit deutlicher Milieuverengung einer missionarischen Öffnung entgegen" (54). Deshalb brauchten evangelische Gemeinden eine „Qualitätsoffensive", die einerseits die Ortsgemeinden „missionarisch ausrichten" und ihre Arbeit auf „anspruchsvollem Niveau gestalten", andererseits aber weitere Standorte christlichen Lebens entstehen lassen wie z. B. eine „Kirche bei Gelegenheit", „Passantengemeinden, Profilgemeinden, Mediengemeinden, City-, Jugend- oder Kulturkirchen". Als Ziel der Weiterentwicklung sei deshalb ins Auge zu fassen, dass die Gemeinden rein parochialer Struktur von bisher 80 auf 50 % gesenkt werden, während Profilgemeinden wie City-, Jugend- oder Kulturkirche und netzwerkorientierte Angebote wie z. B. Tourismuskirchen, Akademiegemeinden oder Passantengemeinden insgesamt auf 50 % erhöht werden. Die Ortsgemeinde solle also „Grundform von Gemeinde" bleiben, „aber ihre Bedeutung wird sich zugunsten anderer Gemeindeformen relativieren." (57)

Diese Vorschläge zur Reform bzw. zum Abbau der Parochien sind von Kommissionen erarbeitet, zu denen GemeindepfarrerInnen gar nicht geladen werden, damit sie ihre aktiven Erfahrungen mit der Gemeinde vor Ort geltend machen können. Ob und inwieweit die Kirchenleitungen der einzelnen Landeskirchen, die ja die Verteilungsmacht der aus den Ortsgemeinden einkommenden Kirchensteuern haben, diese EKD-Vorschläge zur „Fortentwicklung" der alten und neuen Gemeindeformen aufgreifen und umsetzen werden, ist noch offen. In den ersten entstehenden „Gemeindebünden" von Ortsgemeinden, die zwangsfusioniert werden sollen, scheint sich bereits Widerstand zu formieren

Gemeinden beginnen den Aufbruch

„Aufklärung", so sagt Kant, „ist der Ausgang des Menschen aus seiner selbstverschuldeten Unmündigkeit." Das könnte auch das Motto eines „Aktionstages" sein, der sich die Parole „Aufbruch Gemeinde" auf die Fahnen schreibt. In diesem Fall hieße „selbstverschuldete Unmündigkeit", dass zuerst einmal gefragt wird, wie denn die Ortsgemeinden mitsamt ihren Pfarrern und Pfarrerinnen selbst zum Verlust ihres Ansehens beigetragen haben. Sind sie nicht allzu selbstverständlich davon ausgegangen, dass das biblisch-reformatorische Erbe der Parochie sich von selbst durchsetzen werde? Müssen sie nicht ständig – und gegenwärtig besonders heftig – für dieses Erbe streiten? Haben sie nicht allzu sorglos Kompetenzen der Ortsgemeinde abgegeben oder sich nehmen lassen? Ging es um Diakonie, dann hieß es: „Das können Fachverbände und Diakonische Werke besser als die Ortsgemeinde!" Ging es um Seelsorge, dann wurde der Ortsgemeinde eingeredet: „Das können Seelsorgeberatungsstellen professioneller als die Ortsgemeinde!" Ging es um pädagogische Probleme, so wurden die Religionspädagogischen Ämter eingerichtet usw. So ging eine Aufgabe nach der anderen an die überparochialen Stellen, die sich nicht selbst finanzieren, sondern aus den in den Ortsgemeinden eingehenden und von den Landeskirchenämtern verwalteten Kirchensteuern bezahlt werden müssen. Die Ortsgemeinde aber verlor eine Aufgabe nach der anderen oder gab sie manchmal sogar gerne ab. Nun aber bleibt für die entleerte Ortsgemeinde noch eine „rituelle Grundversorgung", und die soll nach neuster Kirchenreformplanung z. B. in den ländlichen Bereichen der Kirche von Berlin-Brandenburg etwa so aussehen, wie sie mir von dem in Berlin gegründeten „Gemeindebund" mitgeteilt wurde:

Alle Gemeinden des Kirchenkreises bilden einen einzigen Pfarrsprengel, der aus fünf Großgemeinden besteht. Diese werden von sog. „Grundversorgern" betreut, die nicht mehr im klassischen Sinn Gemeindepfarrer sind. Sie suchen die Menschen nicht auf. Sie sind an einem zentralen Ort ansprechbar. Die Kirchen sollen fortan „leere Hüllen" sein, sofern die Ältesten nicht selbst dort Lesegottesdienste halten wollen. Daneben gibt es Pfarrer im Spezialdienst: Einen für die Jugend, einen für die Ehrenamtlichen usw. Diese tauchen punktuell auf, nicht in den Dörfern, sondern wieder nur an ausgewählten, zentralen Orten. Vollständige liturgische Gottesdienste mit Orgelmusik etc. soll es nur noch in den Stadtkirchen geben. Die Devise heißt: „Schwerpunktsetzung statt Vollständigkeit". Gegen diese Reformpläne, die möglichst zügig seit 2007 umgesetzt werden sollten, gab es ein Minderheitenvotum von 25 Kirchengemeinden, die vor das Kirchenverwaltungsgericht zogen und mit ihrem Einspruch gewannen. Da aber zu erwarten ist, dass die Kirchenleitung mit neuen Gesetzen und Erlassen das geplante Ziel der Kirchenreform anstrebt, hat sich am 20.9.2008 ein „Gemeindebund" von 29 Gemeinden in Berlin gegründet, die sich im Widerstand gegen die Auflösung der Ortsgemeinden gegenseitig Beistand leisten wollen (vgl. www.gemeindebund-online.de).

In der Evangelischen Kirche von Kurhessen-Waldeck hat sich im Februar 2007 eine „Arbeitsgemeinschaft Kirche im Dorf" gebildet, in der sich Kirchengemeinden zusammengeschlossen haben, um Dorfkirchen mitsamt ihre Gemeinden zu unterstützen und zu bewahren (ev-pfarramt-kleinenglis@t-online.de). –

In der bayrischen Landeskirche hat der „Aufbruch Gemeinde" seine Arbeit begonnen (www.aufbruch-gemeinde.de).

In Württemberg gibt es schon seit 1983 einen württembergischen Kirchengemeindetag, der die Anliegen und Belange der Gemeinden gegenüber Landessynode und Oberkirchenrat vertritt (www.-Kirchengemeindetag.de).

Keine falschen Alternativen!

Was sich seit 1975 in der Kirche an Neubildung von Spezialstellen unter der Forderung nach Spezialisierung und Professionalisierung ereignet hat, ist ähnlich auch im medizinischen Bereich passiert, wo die Hausärzte ihre Kompetenz verloren, als jedes Problem an die Fachärzte delegiert wurde, weil diese für Kopf oder Fuß, Ohr oder Nase mehr Kompetenz hätten. Und was blieb noch von den Hausärzten? – Doch es scheint sich in der Medizin eine gegenläufige Entwicklung anzubahnen, die von der Gesundheitspolitik und den Krankenkassen gefördert wird. Es wird offenbar auf Dauer unbezahlbar, wenn die Leute sich bei jedem Problem zu Fachärzten flüchten und dabei regelrecht atomisiert werden. Der Hausarzt soll den ganzen Menschen wieder entdecken. Er soll erstinstanzlich, wie in Skandinavien längst üblich, entscheiden, ob ein Mensch wirklich den Facharzt braucht, oder ob sein Problem nicht viel rascher und ebenso gut beim Allgemeinmediziner gelöst werden kann.

Was ich mit diesem Beispiel sagen will, ist die je verschiedene Kompetenz des Spezialisten und des Generalisten. Die Parochie ist falsch beraten, wenn sie sich an der Professionalität des Spezialisten messen lässt – und umgekehrt! Ihre Kompetenz ist generalistischer Art und d. h. sie ist „Kirche der kurzen Wege" und lebt davon, dass ihr weithin die Haustüren bei Besuchen offen stehen, weil sie nachbarschaftlich strukturierte Kirche ist. Da geht vieles über den Gartenzaun hinweg und an der Straßenecke oder am Tresen. Einfach, unkompliziert und schnell lässt sich hier vieles lösen!

Ich will jedoch Seelsorgeberatungsstellen in ihrer speziellen

Kompetenz nicht verkennen, denn es kann ein Segen sein, wenn alkoholabhängige oder in eine andere Sucht gefallene Menschen an eine spezielle Beratungsstelle überwiesen werden können, weil die Ortsgemeinde überfordert ist. Wie gut ist es dann aber auch für die therapeutische Arbeit in den Suchtberatungsstellen, wenn sie einen halbwegs Genesenen wieder in örtliche AA-Gruppen einer Kirchengemeinde zurückgeben und in die all-täglichen Zusammenhänge des Lebens überweisen können, wie sie sich in einer Ortsgemeinde abspielen. Es muss also nicht zu einer Blockade zwischen parochialer und überparochialer Arbeit in der Kirche kommen, wenn beide um ihre Kompetenz, um ihren Ort und um ihre Grenzen wissen. Parochie hat es mit den all-täglichen, nachbarschaftlichen Zusammenhängen der Menschen zu tun, überparochiale Arbeit mit den speziellen Fällen, in die ein Mensch geraten kann, so dass er sich selbst und seiner Umgebung eine Qual wird. Wie gut, dass es beides in der Kirche gibt: Die spezielle Beratung und den Alltag einer Gemeinde vor Ort!

Ähnlich ist es mit den Menschen im Urlaub, die am Campingplatz auf eine Gemeinde stoßen, welche sich mit Hilfe der Tourismusseelsorge gebildet hat. So eine Kirche auf Zeit kann zur Wiederbegegnung mit Kirche führen, einer freilich noch ganz unbestimmten Kirche auf Probe, in der ich es mit kirchlichen Mitarbeitern zu tun bekomme, die mit mir und vielen anderen Gottesdienst am See feiern, für mich da sind, falls ich sie an-sprechen möchte, kurz: Kirche ganz nah und auf Zeit! Wie gut, dass es dann aber auch in den Ortsgemeinden Kirche auf Dauer gibt für Menschen, die im Urlaub wieder auf den Geschmack des Evangeliums gekommen sind und davon zu Hause mehr kosten wollen. Dann wird deutlich, wie beides zusammengehört, die Kirche auf Zeit und bei Gelegenheit, wie auch die Kirche auf Dauer und in Stetigkeit; die Kirche mit Urlaub, Event und Sah-netorte ebenso wie die Schwarzbrotkirche, in der ich vielleicht sogar mit meinem ziemlich schwierigen Nachbarn zusammen auf einer Kirchenbank sitze und das Abendmahl mit ihm feiern und den Friedensgruß gegenseitig zusprechen muss. Gäbe es freilich nur noch die mobile Kirche auf Zeit, die bei Urlaubse-vents und bei Gelegenheiten vielleicht präsent ist, so würden Mobilität, Stress und Hektik unserer Zeit durch die Kirche nur noch vermehrt. Die Kirche vor Ort ist ein Gegengewicht, indem sie einfach da ist, den Tagesrhythmus durch ihre Glocken prägt und so eine Stetigkeit für die Lebenden und die Sterbenden schafft, nicht zuletzt auch durch ihren Friedhof. Es kann und soll also durchaus spezielle Angebote der Kirche geben, die aber die Kirche vor Ort nur ergänzen können, weil die Ortskirche als Kirche für alle am Ort das eigentliche Fundament der Kirche ist, das hier und da durch spezielle, zeitlich befristete Angebote ergänzt werden mag. Die Stetigkeit ist der ursprüngliche Sinn der Parochie, die als Gegengewicht zur Unruhe und unsteten Rastlosigkeit in Zeiten der Völkerwanderung entstanden ist, um den Menschen wieder einen Ruhepol für ihr Wohnen und Bleiben an einem Ort zu geben, damit ihr Leben wieder Stabilität und Kontinuität gewinne.

Wie tief sich dieser ursprüngliche Sinn von Parochie in die Menschen bis heute eingeprägt hat, kam heraus, als die Evangelische Kirche unter Einfluss der schon genannten ÖRK-Studie „Kirche für andere" drauf und dran war, eine mobile „Kirche in der Region" zu werden, in der die Ortsgemeinde nur noch einen begrenzten Sinn haben sollte. Als dann aber mit Hilfe einer großen Mitgliederbefragung 1974[7] erkundet wurde, was eigentlich die Menschen von ihrer Kirche erwarten, kam heraus, dass es 1. die Ortspfarrer und -pfarrerinnen, 2. die Kasualien Taufe, Trauung und Beerdigung, 3. die diakonischen Angebote wie Kindergarten und 4. der lokale Kirchturm mit seinen Glocken sind, womit die Menschen „Kirche" verbinden. Die geplante „Weiterentwicklung" der Ortskirche zur „Kirche in der Region" wurde damals einstweilen gestoppt. Der an der Erarbeitung der ÖRK-Studie maßgeblich beteiligte Magdeburger Bischof Werner Krusche gestand denn auch 1981 freimütig ein, dass es sich als Irrweg erwiesen hätte, von der parochial verfassten Kirche wegzukommen. Zwar treffe es zu, dass die Menschen mobiler

---

[7] Helmut Hild (Hg.), Wie stabil ist die Kirche? Bestand und Erneuerung. Ergebnisse einer Meinungsbefragung, 1974. Natürlich lassen sich die Fragen auch anders stellen, damit die Antworten nicht so eindeutig sind, wie weitere Mitgliederbefragungen von 1994 und 2004 zeigen.

geworden seien. Trotzdem, nein, gerade deshalb hielten sie an der Wohngemeinde als stabilem Gegengewicht um so mehr fest.

„Liebhaber" der Gemeindekirche am Ort

Es kommt gegenwärtig vor allem darauf an, die Ortsgemeinden mitsamt ihren Pfarrern und Pfarrerinnen wie auch ihren Kirchenvorstehern und Kirchenvorsteherinnen zu einem neuen Selbstbewusstsein zu ermutigen, damit sie den permanenten Diffamierungen der Ortsgemeinde widerstehen können, die sich dann auch handfest in Stellenkürzungen und verminderten Mittelzuweisungen auswirken.[8] Schlimmer aber als diese Kürzungen erscheint mir die Resignation, die durch die Ortsgemeinden schleicht und dazu führt, dass sich einer nach der anderen sich zu fragen beginnt: Vielleicht sind wir ja wirklich „milieuverengt", „immobil" und zu wenig „professionell"? Vielleicht sind wir ja wirklich nur „Amateure", die mit den Profis nicht mithalten können!?

Bei einem „Aufbruch Gemeinde" könnte etwas Ähnliches wie in Max Frischs Theaterstück „Andorra" geschehen, wo einem Jungen permanent vorgeworfen wird, er sei wie ein Jude. Schließlich bricht es aus diesem Jungen heraus: „Dann bin ich eben ein Jude!" In dieser Weise könnten die Ortsgemeinden aufbrechen und sagen: „Dann sind wir eben Amateure!" Und das heißt im ursprünglichen Sinn des Wortes nichts anderes als Liebhaber, Liebhaber der Kirche am Ort! Die Gemeindebriefe von Amateuren müssen nicht professionelle Hochglanzbroschüren sein, sondern dürfen gern einfachen Briefen ähneln, die von Liebhabern an mögliche Liebhaber geschrieben sind. Kirchenchöre von Amateuren müssen keine Konzertchöre sein,

---

[8] Hilfreich gegen das Kaputtreden der Ortsgemeinde erscheint mir das neue Buch von W. Härle, J. Augenstein, S. Rolf und A. Siebert, Wachsen gegen den Trend. Analysen von Gemeinden, mit denen es aufwärts geht", Leipzig 2008. Hier wird erfolgreiche Gemeindearbeit vor Ort nachgezeichnet, so dass deutlich wird, welche Zukunftschancen die Ortsgemeinde hat.

sondern dürfen gern den Gesangvereinen im Dorf ähneln oder Gospelchöre von begeisterten Anfängern sein. Gottesdienste von Amateuren sind keine professionell gestalteten Eventangebote für lustige Leute. Hier wird vielmehr das Geheimnis der Menschwerdung Christi am Kreuz gefeiert, und das so einfach und klar wie möglich, denn hier wird mit allen am Ort Gottesdienst gefeiert und mit allen gemeinsam am Ort gelebt, die sich durch den Ruf der Glocken einladen lassen.

Wenn bei dem „Aufbruch Gemeinde" so ein Selbstbewusstsein in den Gemeinden wächst, werden sich die praktischen Folgen wie von selbst einstellen: Einer Gemeinde gelingt dies, der anderen gelingt das. „Eine Gemeinde ahme die andere frei nach" (M. Luther) und lasse sich zugleich durch besonders erfolgreiche und wachsende Gemeinden nicht unter Druck setzen![9]

Das gilt auch für die praktischen Konsequenzen, die ich für einen „Aufbruch Gemeinde" als möglich ansehe. Nur drei seien exemplarisch genannt:

1. Es gilt, die Evangelische Kirche als eine von unten her aufgebaute Gemeindekirche wieder zu entdecken, die ihre nachbarschaftliche Gestalt in den Ortsgemeinden als Kirche der kurzen Wege, ihr Gesicht in den festlich gefeierten Gottesdiensten, ihren Klang in den zum Gebet rufenden Glocken, ihren Mund in mündigen Haus- und Initiativkreisen, ihre Hände in aktiven Gruppen und Besuchsdiensten und ihre Ohren in der Aufmerksamkeit für Gottes Gegenwart gewinnen. Es ist alles dagegen zu tun, dass die Evangelische Kirche immer gesichtsloser wird, je mehr sie sich in mittlere und höchste Ebenen, in Verwaltungen und in Gremien zurückzieht und dabei in inhaltsloser Werbesprache, in Verwaltungserlassen und in technokratischen Fachbegriffen verstummt.

2. Dem Auseinanderdriften von überparochialen Diensten und Parochien kann dadurch gewehrt werden, dass möglichst jeder übergemeindliche Dienst mit einem begrenzten Ge-

---

[9] Das scheint mir auch die Gefahr des in Anm. 12 genannten Buches „Wachsen gegen den Trend" zu sein. Hilfreicher erscheint mir deshalb Reiner Knieling, Plädoyer für unvollkommene Gemeinden. Heilsame Impulse, Göttingen 2008.

meindedienst vor Ort verbunden wird. Dadurch könnte auch manche kleinere Pfarrstelle vor Halbierung oder gar Streichung bewahrt werden, wenn der Spezialist oder die Spezialistin zugleich mit einer halben Pfarrstelle vor Ort angestellt werden.

3. Das Geld der Kirche wird dort verwaltet und verteilt, wo es herkommt: in den Ortsgemeinden.

In der Lutherischen Kirche Schwedens z. B. gibt es nur Mitgliedsbeiträge an die Ortsgemeinden. Sie bleiben zu 90 % in der Gemeinde. 10 Prozent werden an die Gesamtkirche abgegeben. Ein Ausgleich zwischen reichen und armen Gemeinden ist vorgesehen. Ein erster Schritt in diese Richtung könnte darin bestehen, dass einer Ortsgemeinde vom Landeskirchenamt mitgeteilt wird, wie hoch ihr Kirchensteueraufkommen ist. Weitere Schritte bis zu einer endgültigen Finanzhoheit der Gemeinden werden folgen, damit aus Betreuungsgemeinden ganz konkret und materiell Beteiligungsgemeinden werden und reichere mit ärmeren Gemeinden in einer Region teilen können.

Der „Aufbruch Gemeinde" ist inzwischen so weit in der Bayrischen Landeskirche gediehen, dass ein von vier Initiatoren unterzeichneter Aufbruch mit folgendem Wortlaut an die Gemeinden erging:

Aufruf zum Aufbruch Gemeinde

Die Krisenphänomene der Kirche sind unübersehbar. Die Kirche hat es immer schwerer, in der Vielfalt der Sinnangebote die Bedeutung ihrer Botschaft für das Leben deutlich zu machen. Die Mitgliedschaft in der Volkskirche wird immer weniger selbstverständlich. Die gesellschaftliche Bedeutung und die finanziellen Mittel der Kirche gehen deutlich zurück. Die Kirchenleitungen vertrauen im Zuge eines Selbstverständnisses als Organisation auf eine starke Leitung und versuchen vergeblich, durch zentral gesteuerte Initiativen diesen Trend aufzuhalten.
Wir wollen stattdessen eine Kirche, die ihre Relevanz von ihrer Botschaft her gewinnt und ihr im konkreten Lebensumfeld der Menschen Gestalt gibt. Die Kirche kann auf die Herausforderungen am besten reagieren,

wenn sie sich auch in ihrer Organisation ,von unten', von der Basis der Gemeinden, her aufbaut.

1. Wir vertrauen auf die Dynamik der Botschaft

In den vergangenen Jahrzehnten ist der Anteil der Kirchensteuern, über dessen Verwendung die Kirchengemeinden selbst entscheiden, stetig gesunken. Gleichzeitig rückt das Bild der evangelisch-lutherischen Kirche als Großorganisation und Institution immer stärker in den Vordergrund. Der Charakter der Kirche als Bewegung, die in der Ortsgemeinde ihre Dynamik entfaltet, tritt demgegenüber zurück.

Die Ortsgemeinde ist zu stärken gegenüber dem organisatorischen Überbau der Kirche. Es ist der Dynamik des Wortes Gottes zu vertrauen, das von unten, d. h. vor Ort, seine Wirkung entfaltet. In einem ersten Schritt ist deshalb der Anteil der Kirchensteuermittel, der an die Kirchengemeinden zurückfließt, deutlich zu erhöhen, damit diese in eigener Verantwortung über eine sinnvolle Verwendung entscheiden können. Auf Dauer ist der Geldfluss umzukehren. Die Steuermittel kommen in der Gemeinde an und für übergemeindliche Zwecke leitet die Gemeinde einen Teil weiter.

2. Wir vertrauen auf Beteiligung

Die Bischofskonferenz der VELKD hat in ihrer Empfehlung zu Amt und Ordination darauf hingewiesen, dass in der „.Praxis der lutherischen Kirchen ... die Einsichten der Reformation über die Beteiligung der Gemeinde ... nur sehr eingeschränkt umgesetzt ...“ wurden. „Eine angemessene institutionelle Berücksichtigung sollte späteren Zeiten vorbehalten sein...“ (Ordnungsgemäß berufen, S. 15).

Zu dieser Beteiligung gehört die Selbstbestimmung der Gemeinden bezüglich Personal, Bauwesen und Einsatz ihrer Finanzen. Viele Gremien und damit verbundene Fahrtkosten, aufwändige Informations- und Entscheidungswege, werden dadurch eingespart.

3. Wir vertrauen auf Transparenz

Eine Überforderung der Gemeinden und auch der überparochialen Ebene liegt in der Vorstellung, dass man über ein sich ständig verbreiterndes Spektrum von Angeboten alle gesellschaftlichen Milieus erreichen könne. Eine Kirchengemeinde muss in Auseinandersetzung mit ihrem Auftrag und ihrer spezifischen Situation vorrangige Themen und Aktivitäten feststellen und Anderes zurückstellen. Dazu braucht sie Klarheit über ihre

Situation und ihre Mittel. In dieser Fragmentarität und Verantwortung ist sie Kirche Jesu Christi am Ort.

Jede Gemeinde muss darüber informiert sein, wer bei ihr wie viel Kirchensteuer zahlt. In den landeskirchlichen Leitlinien für Fundraising ist das ganz selbstverständlich im Blick: „Kirchliches Fundraising hat die Menschen im Blick. Es geht um deren Begeisterung für Ideen und konkrete Anliegen … Sie unterstützen eine Aufgabe, wenn sie bewusst, persönlich und gezielt angesprochen und in deren Lösung einbezogen werden." (Gemeinsam Gutes tun, S.8) Diese Transparenz soll auch für die Kirchensteuer gewonnen werden.

4. Wir vertrauen auf Solidarität

Häufig wird Misstrauen gegenüber Gemeinden geäußert. Sie würden nur auf die eigenen Finanzen und den eigenen Bestand blicken.

Wir vertrauen auf Gemeinden, die sich vom Evangelium bewegen lassen. Sie verpflichten sich darum, sich untereinander solidarisch zu unterstützen. Wir vertrauen darauf, dass es „von unten" zu sinnvollen Zusammenschlüssen kommt und dass auch übergemeindliche Aufgaben als unverzichtbar erkannt und unterstützt werden. So wird der Zusammenhang der Gemeinden mit übergemeindlichen Arbeitsbereichen gestärkt.[10]

2. Von der Sorge um die Zukunft zur Besorgung des Nächstliegenden[11]

Kirche futurisch gestalten

Die evangelische Kirche in Deutschland steht vor großen Herausforderungen: Demographische Umbrüche, finanzielle Einbußen, die Spätfolgen zurückliegender Austrittswellen, hohe Arbeitslosigkeit und globalisierter Wettbewerb sind gesellschaftliche Entwicklungen,

---

[10] Der Aufruf ist unterzeichnet von Pfarrer Dr. Gerhard Schoenauer (Dekan des Kirchenkreises Pegnitz); Pfarrer Dr. Martin Hoffmann, (Direktor des Predigerseminares Nürnberg); Pfarrer Hans-Ulrich Pschierer, (Dozent am Predigerseminar Nürnberg); Pfarrer Dieter Schlee, (Pfarrer an der Gustav-Adolf-Kirche Nürnberg).

[11] Überarbeitete Fassung eines Vortrags vor dem Deutschen Pfarrertag in Fulda am 26.9.2006. Das Evangelium des Sonntags (24.9.06) war Mt 6,25 – 34.

von denen die Kirche entscheidend betroffen ist. Sie nötigen zu einem Wandel der kirchlichen Strukturen, der sehr viel Kraft und Aufmerksamkeit in Anspruch nimmt. Die Sorge um die Zukunft der Kirche und um die Arbeitsplätze im kirchlichen Bereich greift um sich. … Wenn die heute erkennbaren Trends einfach fortgeschrieben werden müssten, so würde nach manchen Einschätzungen die evangelische Kirche im Jahre 2030 ein Drittel weniger Kirchenmitglieder und nur noch die Hälfte der heutigen Finanzkraft haben. (7)

Mit diesen Sätzen eröffnet der Ratsvorsitzende der EKD, Bischof Wolfgang Huber, das „Impulspapier" einer 12-köpfigen Kommission der EKD, das den Titel trägt: "Kirche der Freiheit. Perspektiven für die evangelische Kirche im 21. Jahrhundert". Am 6. Juli 2006 wurde dieses Papier der Öffentlichkeit vorgestellt und seitdem vielfach diskutiert. Ich kann mich deshalb auf knappste Angaben beschränken:

Wie soll auf die Sorge um die Zukunft der Kirche reagiert werden? Die Parole heißt: "Gegen den Trend wachsen wollen". Wie soll das gehen? „Bei einem aktiven Umbauen, Umgestalten und Neuausrichten der kirchlichen Arbeit und einem bewussten Konzentrieren und Investieren in zukunftsverheißende Arbeitsgebiete wird ein Wachsen gegen den Trend möglich." (7) Dazu sei freilich ein „Mentalitätswandel" unerlässlich, „Abbrüche und Rückgänge nicht einfach hinzunehmen, sondern ihnen entgegenwirken zu wollen".[12] Bei der Umgestaltung der Kirche sollen vier „biblisch geprägte Grundannahmen" leitend sein: a) „geistliche Profilierung statt undeutlicher Aktivität" und d. h. „Wo evangelisch draufsteht, muss Evangelium erfahrbar sein"; b) Schwerpunktsetzung statt Vollständigkeit; c) Beweglichkeit in den Formen statt Klammern an Strukturen; d) Außenorientierung statt Selbstgenügsamkeit. Für den notwendigen Mentalitätswandel sei ein Aufbruch in vier Handlungsfeldern nötig: 1. in den kirchlichen Kernangeboten, 2. bei allen kirchlichen Mitarbeitenden; 3. beim kirchlichen Handeln in der Welt und 4. bei der kirchlichen Selbstorganisation.

---

[12] Interview mit dem Ratsvorsitzenden W. Huber, Zeitzeichen 8, 2006, 16.

Für diesen Aufbruch werden Zielvorstellungen in zwölf Leuchtfeuern angezündet. Eine lebhafte Diskussion über ihre Zielvorstellungen, Zahlen und Impulse wollen die Verfasser. Deshalb hat auch im Januar 2007 in Wittenberg ein Zukunftskongress stattgefunden, auf dem die Impulse „in einer Aufwärtsagenda gebündelt" wurden, „auf deren Grundlage der deutsche Protestantismus die Dekade bis zum Lutherjubiläum 2017 mit frischen Impulsen gestalten wird." (9)

Dass dieses Impuls- und Perspektivpapier der Sorge um die Zukunft der evangelischen Kirche mit großem Elan und starkem Ehrgeiz entgegenwirkt, ist deutlich. Immer wieder wird betont: Jetzt sei noch Zeit und Möglichkeit zum Gestalten, später könne die Kirche nur noch mühsam reagieren. Deshalb sei jetzt ein „Mentalitätswechsel" nötig, „gegen den Trend wachsen zu wollen".

Der Druck, der von diesem Papier ausgeht, ist gewaltig. Er äußert sich in Appellen und Forderungen, in Zielvorstellungen und Zielvorgaben, die offene oder versteckte Forderungen sind. Dieser Druck weckt Widerstand. Das fängt schon bei der Parole an: „Gegen den Trend wachsen wollen". Ist Wachsen wirklich eine Sache des Wollens? Dieser Vorsatz ähnelt einem Bauern, der unbedingt das Wachstum seiner Pflanzen bewirken wollte und deshalb immer wieder aufs Feld hinausging und an den Pflänzchen zupfte, weil er nichts von ihrem Wachstum sah. Was er jedoch bewirkte, war die Zerstörung des Wachstums. Ist Wachsen nicht eine Gabe, die Gott schenkt? „Ich habe gepflanzt, Apollos hat begossen; aber Gott hat das Gedeihen gegeben." (1Kor 3,6) Wenn doch die Appelle von der wachsenden Kirche bald wieder verschwänden! Wenn sie durch den Geist des Gleichnisses von der selbst wachsenden Saat aus Mk 4 gelassener würden! Es ginge ein Aufatmen durch die Kirche, und es würde tatsächlich etwas wachsen!

Diese ersten, noch ganz subjektiven Eindrücke und Wünsche sollen aber nicht in Vergessenheit geraten lassen, dass es in dem Impulspapier der EKD eine Fülle von anregenden Vorschlägen und diskussionswürdigen Anstößen gibt, die es aufzugreifen lohnt. Dazu zähle ich z. B.

1. den Vorschlag, dass „Pfarrerinnen und Pfarrer sich über die bisherigen landeskirchlichen Grenzen hinaus bewerben können; das Landeskinderprinzip muss insofern modifiziert werden. Es sollte die Möglichkeiten geschaffen werden, bestimmte Pfarrstellen deutschlandweit auszuschreiben." (73) Das wird viele Studierende und nicht nur sie, zum Jubeln bringen, weil vielleicht auch ihnen neue Möglichkeiten bei der Pfarrstellenwahl zuwachsen. Es tut aber auch den Landeskirchen wohl, wenn jeder Art von landeskirchlicher Inzucht gewehrt wird.

2. Erfreulich finde ich die starke Betonung der kirchlichen Bildungsverantwortung. Dabei begrüße ich den Vorschlag, „das Profil evangelischer Bildungsarbeit zu verdeutlichen", weil es kirchliche Angebote gebe, „denen die Konzentration auf den spezifisch evangelischen Beitrag zur Bildung verloren gegangen ist." (78) Wem fallen da nicht so manche „Back-, Strick- und Häkelkurse" ein, die als evangelische Bildungsarbeit propagiert werden.

3. Ebenso erfreulich finde ich die Betonung der Diakonie und ihrer kirchlichen Einbindung. Einleuchtend erscheint mir der Hinweis, dass die Unternehmensorientierung, die fast total in die Diakonie Einzug gehalten hat, deren anwaltliches Mandat für Bedrückte und Bedrängte schwäche, weil im Wettbewerb der Leistungsanbieter möglichst die Handlungsfelder gewählt werden, die auf Grund der zu erzielenden Kostensätze ausreichend finanziert werden. Darüber könne die Orientierung der Diakonie an den Ärmsten der Armen aus dem Blick geraten, bei denen keine ausreichende Finanzierung möglich ist. (82)

Stutzig wurde ich, als ich zu fragen begann, was mit „Qualität" gemeint sei, von der das Impulspapier ständig redet. Bei der permanenten Forderung nach Qualität, Qualitätskontrolle, Qualitätsstandards, Qualitätsmanagement, Qualitätssicherung wurde mir immer schwindliger. Ich konnte nirgendwo herausfinden, um welche Qualität es eigentlich geht. Bei der Analyse kirchlicher Schwachstellen heißt es z.B.: „Über die Qualität der kirchlichen Arbeit – insbesondere des Pfarrdienstes – ist insgesamt zu wenig bekannt." Es gebe zwar das Instrument der Visitation, aber die sei zu arbeitsaufwändig und „selten sind Standards klar bestimmt". Außerdem lasse die Umsetzung von Visitationseinsichten oft zu wünschen übrig. Nur in wenigen Gliedkirchen gebe es ein begleitendes Qualitätsmanagement. „Ohne klare Standards und ohne Qualitätskontrolle ist eine Qualitätsanalyse jedoch unmöglich. Dabei wäre gerade das ein wesentlicher Beitrag dazu, kirchliche Arbeit auf neue Aufgaben und wachsende Erwartungen auszurichten." (27)

Dass hier ein Problem steckt, welches die Visitation als ein wirksames geistliches Instrument betrifft, ist unbestritten. Ob sich dieses Problem aber auf dem Niveau eines Qualitätsmanagements mitsamt einer Qualitätskontrolle und Qualitätssicherung lösen lässt, erscheint mir zweifelhaft. Nichts ist dagegen einzuwenden, wenn ein ALDI-Direktor seine Mitarbeiter zur Qualitätskontrolle ihrer Waren und ihrer Arbeit verpflichtet, um zu prüfen, ob die Ware bei den Kunden gut ankommt, wie die Absatzzahlen aussehen und der Kampf mit der Konkurrenz bestanden werden kann. Wenn nun aber dieses selbstverständliche betriebswirtschaftliche Instrument auf „leitende *geistliche* Mitarbeiter" angewandt wird, kann es rasch um deren Geistlichkeit geschehen sein, die sich eben nur auf geistliche Weise beurteilen lässt, denn Geistliches kann nur geistlich beurteilt werden, wie Paulus in 1Kor 2,10 ff betont. Wenn der Apostel in diesem Zusammenhang schreibt: „Und ich war bei euch in Schwachheit und in Furcht und Zittern; und mein Wort und meine Predigt geschahen nicht mit überredenden Worten menschlicher Weisheit, sondern in Erweisung des Geistes und der Kraft" (1Kor 2,3 ff), dann kann man inhaltlich etwas von den spezifisch geistlichen Qualitäten ahnen, auf die es bei einem „Haushalter der Geheimnisse Gottes" (1Kor 4,1 f) ankommt. Es geht um eine Schwachheit, die zum Raum für Gottes Stärke wird; es geht um „Furcht und Zittern" angesichts des Unverfügbaren von Gottes Geist, dem sich ein „Haushalter der Geheimnisse Gottes" aussetzt; es geht um Treue zum Auftrag, um Treue zu den Menschen und Treue zu sich selbst, auf die es in geistlicher Haushalterschaft ankommt. Und es geht in sehr spezifischer Weise um das, was Paulus im Hohelied der Liebe als Kriterium allen gelingenden geistlichen Tuns angibt: „Und hätte der Liebe nicht". Was nützt einem Pfarrer die höchste Kompetenz und die tiefste Theologie, wenn er seine Gemeinde nicht mag? Auf solche Qualitäten wäre in einer Visitation als einem geistlichen Besuch genau zu achten, um Geistliches geistlich zu beurteilen. Dass dabei die Treue zum Buchstaben, zur erbrachten Leistung, zur Einhaltung von Pflichten immer mit auf dem Prüfstand steht, bedingt die Spannung von Geist und Buchstabe, von Unverfügbaren und Verfügbaren. Wird aber diese Spannung auf die Qualität des Buchstabens allein und damit nur auf „Qualitätssicherung" reduziert, so bleiben von Pfarrerinnen und Pfarrern am Ende nur noch leitende Mitarbeiter eines Unternehmens EKD übrig, deren Direktoren und Vorstandsvorsitzende mit Hilfe von Qualitätsmanagement darüber wachen, dass die Ware „Evangelium" von den Mitarbeitern gut verpackt und mit einem evangelischen Profil an den Mann und die Frau gebracht werden. Zu achten ist dabei auf den Grundsatz: „Wo evangelisch drauf steht, muss auch Evangelium erfahrbar sein." Ob sich das Evangelium von Jesus Christus diese Verpackungsmentalität gefallen lässt? Wie wäre solche „Erfahrbarkeit des Evangeliums" zu leisten, wenn doch das Evangelium nach unverfügbarem Glauben ruft, den allein der Heilige Geist wecken kann?!

Ich habe mehr und mehr den Eindruck gewonnen – und ich wage diesen kritischen Eindruck nur zu äußern, weil ja das Impulspapier ausdrücklich zur kritischen Diskussion aufruft! –, dass es sich bei der „Kirche der Freiheit", wie sie sich in dem Impulspapier der EKD abzeichnet, um einen Konzern handelt, dem die Kunden schwinden, so dass er nun seine Kräfte bündeln muss, um sich aufs „Kerngeschäft" zu konzentrieren, das auf einem möglichst hohen Qualitätsniveau mit klarem evangelischem Profil neu ausgerichtet werden soll. Dieser Eindruck wird nicht nur durch das betriebwirtschaftliche Vokabular des Papiers geweckt, das zwangsläufig einen bestimmten ökonomischen Geist und ein bestimmtes Management-Denken mit sich bringt. Dieser Geist äußert sich ebenso in unentwegten Appellen, Forderungen und Erwartungen, die von oben, der Chefetage, nach unten, zu den Mitarbeitern als Erwartungen weitergegeben werden. Ist das nicht eine neue Art zentralisierender ökonomischer Hierarchie mit dem Bischof als dem Vorstandsvorsitzenden, dem Rat der EKD als dem Aufsichtsrat, den Oberkirchenräten als dem leitenden Management, den Dekanen, Pröpsten und Superintendenten als der mittleren Führungsebene, die von Experten in Spezialpfarrämtern unterstützt werden? Die Pfarrer und Pfarrerinnen sind dann die leitenden Mitarbeiter und Agenturleiter vor Ort. Die Kirchenmitglieder sind die Kunden.

Es ist wohl nicht zufällig, dass bei dieser ökonomischen Ausrichtung des Papiers der Name Jesus Christus nur marginal erscheint. Eine inhaltliche Entfaltung dessen, was Evangelium ist, schrumpft auf Minimalformeln zusammen, von einigen Bibelzitaten mit ornamentalem Charakter einmal abgesehen. Wie sollte auch Jesus Christus die Herrschaft und die kritische Macht seines Namens entfalten können, wenn die „Kirche der Freiheit" eine Kirche der Macher ist, deren Credo lautet: „Auf Gott vertrauen und das Leben gestalten"? Das „Gottvertrauen" ist in diesem Credo eigentlich nur ein Durchlauferhitzer für die eigene Freiheit zur Gestaltung, auf die es in Wahrheit ankommt. Für Gott gibt es eigentlich in diesem Papier gar nichts zu tun.[13] So verwandelt sich Kirche in funktionaler Perspektive zu einer Art Gestaltungsmasse, in der alles zur Disposition steht:

a) An die Stelle des Kirchenjahres, von dem gar nicht erst die Rede ist, obwohl es der Kirche über Jahrhunderte ihren festen Rhythmus gab, treten nun „Themenmanagement und Agendasetting";

b) an die Stelle der Ortsgemeinden, die der evangelischen Kirche von Anfang an ein Fundament gaben, treten nun durch einen neuen, überdehnten Gemeindebegriff so viele neuen Arten

---

[13] Treffend bemerkt in seiner Analyse des EKD-Papiers W. Härle, Geistliches Qualitätsmangement? Zeitzeichen 10, 2006, „wie wenig die evangelische Kirche (sc. in dem EKD-Papier) für ihre eigene Zukunft von Gott erhofft, erbittet und erwartet... Dass wir arbeiten sollen, als ob alles Beten nichts nützte, davon ist in diesem Papier viel zu spüren. Dass wir beten sollen, als ob alles Arbeiten nichts nützte, das findet sich dagegen allenfalls in Spurenelementen."

von Gemeinden, dass von den Ortsgemeinden in der Zielplanung bestenfalls noch 50 % übrig bleiben;

c) an die Stelle von 23 Landeskirchen, die der evangelischen Kirche bisher ihr buntes, regionales Gepräge und ihr inneres Leben gaben, sollen durch Umstrukturierungen und Zusammenlegungen 8 bis 12 Landeskirchen treten, die so großflächig und unüberschaubar zu werden drohen, dass eine Beheimatung evangelischer Christen in ihnen kaum mehr möglich sein wird.

Es geht mir aber nicht um diese und ähnliche konkreten Vorschläge, über die im einzelnen trefflich gestritten werden kann. Es geht mir vielmehr um den Geist eines „Gestaltens", bei dem alles permanent zur Disposition und in Frage steht, ob es in den Augen der „Gestalter" noch Zukunft hat und dem evangelischen Profil dient, oder vielleicht doch nicht.

Kirche adventlich erwarten

Dem futurischen Denken der Vor-Sorge, das bisher am Beispiel des Impulspapiers der EKD deutlich wurde, möchte ich das adventliche Denken einer ganz merkwürdigen Art von Sorglosigkeit gegenüberstellen, wie es in der Bergpredigt Jesu zur Sprache kommt: „Sorgt nicht um euer Leben…Seht die Vögel unter dem Himmel an…Schaut die Lilien auf dem Feld an" (Mt 6,25 f).[14] Ist das einfach nur schöne Poesie, die mit der Wirklichkeit der evangelischen Kirche nichts zu tun hat? Sehen wir uns die Argumentationsweise Jesu im Kontext der Bergpredigt einmal näher an!

Die Sorge, die sich selbst sehr ernst und gewichtig zu nehmen pflegt, wird mit den Vögeln unter dem Himmel konfrontiert. Der Sorge wird gleichsam der Vogel gezeigt, so dass sie sich auf den Arm genommen fühlt. Dann wird sie auch noch zur Zuschauerin eines Schönheitswettbewerbs zwischen den Lilien auf dem Felde

---

[14] Der Deutsche Pfarrertag 2006 folgte auf den 15. Sonntag nach Trinitatis, an dem Mt 6,25 – 34 Evangelium ist.

und Salomos Kleiderpracht gemacht, so dass sie gar nicht mehr bei sich selbst verweilen kann. Und das ist doch der Sorge eigentlich das Liebste, denn sie dreht sich stets um sich selbst. Stattdessen wird sie von sich abgelenkt und darf miterleben, wie Salomo in all seiner Pracht gegen die Lilien auf dem Feld ins Hintertreffen gerät. Dieses Ablenkungsmanöver Jesu hat Methode, denn mehr und mehr lockt er die Sorge von sich selbst weg, verwickelt sie, die sich stets mit Zukunftsprognosen weit voraus ist, in ganz gegenwärtige, kleine, alltägliche Dinge von Gottes Schöpfung. Auf diese Weise verlockt Jesus seine Hörer mit der berühmten Überbietung zu der Einstimmung: „Seid ihr denn nicht viel mehr als Vögel unter dem Himmel und Lilien auf dem Felde?" Noch gekonnter ist die rhetorische Frage an alle, die sich selbst im Planen weit voraus sind: „Wer ist unter euch, der seines Lebens Länge eine Spanne zusetzen könnte, wie sehr er sich auch darum sorgt?" Da müssen alle Zukunftsplaner und Wachstumsbeschwörer beschämt ihrer Wege ziehen, oder sich von Jesus in das Trachten nach Gottes Reich und seiner Gerechtigkeit einüben lassen. Die Umkehrung, die sich in diesem Trachten vollzieht, macht die Zukunft zu dem, was sie schon sprachlich und vollends sachlich im genauen Sinn ist: ein Zukommen Gottes auf den Menschen und nicht das Produkt von Menschen in Gestalt von Zukunftsagenden, Aufwärtsagenden oder anderen Papieren. Ein futurisches Denken, dem sich die Sorge wie von selbst anhaftet, wird also bei Jesus in ein adventliches Trachten nach dem Reich Gottes verwandelt, dem alle Dinge, um die sich die Sorge vergeblich zersorgt, wie von selbst zufallen: „Euer himmlischer Vater weiß, dass ihr das alles bedürft."

Hans Weder schreibt in seiner großartigen Auslegung der Bergpredigt:

> „Das Sorgen ist eine angstgetriebene Sicherungsbewegung, welche die böseste Zukunft zum Maß für das Gegenwärtige macht. In der Sorge hole ich eine allenfalls mögliche Zukunft in meine Gegenwart herein."[15] Die Sprachbewegung der Bergpredigt gehe vom Sorgen

---

[15] H. Weder, Die „Rede der Reden". Eine Auslegung der Bergpredigt heute, Zürich 1985, 211.

zum Sehen. Das Sorgen sei gekennzeichnet durch eine angstvolle Bewegung auf mich selbst zu, auf mein Leben, meinen Leib. Dem Sorgen geht es um Selbsterhaltung, natürlich auch um kirchliche Selbsterhaltung. Was Jesus dagegen setzt, ist das Sehen der Außenwelt, der Vögel und der Lilien. Die Sorge ist jene Bewegung auf mich selbst zu, in welcher ich mir die Last der Selbstversorgung zumute. Das Sehen dagegen macht aufmerksam darauf, dass es Selbsterhaltung durch Fremdversorgung gibt. … Der Schritt von der Sorge zum Sehen ist deshalb der Schritt von der Selbstversorgung dorthin, wo der Mensch sich der ihn versorgenden Schöpfung anvertraut."[16]

Es kommt noch ein weiterer Schritt hinzu, nämlich der vom Sehen der Schöpfung zum Trachten nach dem Reich Gottes und seiner Gerechtigkeit, die auf mich zukommen und mein Sorgen durchkreuzen durch das, was sie auf mich zubringen: die Fürsorge des himmlischen Vaters. Das ist die Perspektive, auf die es Jesus wider alles Krisengerede der Sorge ankommt. Das ist der „Mentalitätswandel", um den es in Wahrheit geht.

Kirche geistesgegenwärtig besorgen

Ist damit alles Planen, Rechnen, Gestalten überflüssig geworden? Das wäre ein böses Missverständnis, das Jesus nicht ausreden lässt, denn ER fügt hinzu: „Es ist genug, dass jeder Tag seine eigene Plage hat." Jetzt kommt das Machen, Planen, Gestalten und Rechnen in den Blick, freilich so, dass es nicht mehr unter dem Vorzeichen der Sorge um die Zukunft steht, sondern den Charakter von täglicher, alltäglicher Besorgung an sich hat. Für die Einstellung dieser täglichen Besorgung hat Sören Kierkegaard in seiner Auslegung von Mt 6 das schöne Bild eines Ruderers gebraucht, der sich dem Ziel entgegenarbeitet, indem er ihm den Rücken zuwendet. So sei auch ein Mensch gestellt, der den täglichen Aufgaben gerecht werden wolle. Um diese Aufgaben richtig in Angriff zu nehmen, müsse der Mensch wie ein Ruderer gestellt sein. Es könne einen Menschen nur zerstreuen, wenn er jeden Augenblick ungeduldig nach dem Ziel sehe. „Nein, sei nur

---

[16] Ebd. 212.

für ewig und im Ernst entschlossen, so wendest du dich ganz der Arbeit zu und dem Ziel den Rücken. So ist man gestellt, wenn man ein Boot rudert, und so ist man gestellt, wenn man glaubt. … Der Glaube wendet dem Ewigen den Rücken, um es gerade an dem heutigen Tag bei sich zu haben."[17]

Paulinisch gesprochen kommt vor das Planen, Machen und Gestalten ein neues Vorzeichen: „als ob nicht" (1Kor 7,29 ff). Dadurch wird alles, was ich zu tun habe, leichter, vorläufiger, in gewisser Hinsicht auch spielerischer, auf jeden Fall weniger verbissen. Ich gebrauche ja nun die Welt, wie Paulus sagt, „als brauchte ich sie nicht", weil ich um das Vergehen dieser Welt und das Ankommen einer viel größeren Welt weiß. Weltflüchtig werde ich in dieser Einstellung gerade nicht, sondern kann fröhlich noch dieses Apfelbäumchen pflanzen und mich jener Plage zuwenden, die heute dran ist.

Was für Plagen, Probleme, Aufgaben könnten es in der evangelischen Kirche sein, die uns der heutige Tag (d. h. die uns geschenkte und zugemutete Zeitspanne) zuschickt?

1. In diesen Tag mit seiner Plage ragen auch Fragen der Zukunft hinein, die jetzt zum Bedenken aufgegeben sind, wie etwa einem Finanzreferenten eine mittelfristige Finanzplanung, oder einem Ausbildungs- und Personalreferenten Schritte zu einer verantwortlichen Personalplanung. Aber auch solche Planung wird, wenn sie nicht unter dem Diktat der Sorge geschieht, mögliche Optionen durchspielen, tastende Schritte bedenken, Risiken einkalkulieren, vielleicht auch Neues wagen, und dabei doch stets in der paulinischen Einstellung eines „Planen, als plante ich nicht, kalkulieren, als kalkulierte

---

[17] S. Kierkegaard, Christliche Reden 1848, Jena 1929, 65 f. In diesem Zusammenhang schreibt Kierkegaard auch: „Wie selten ist doch ein Mensch, der wirklich gleichzeitig ist mit sich selbst; die meisten sind in Gefühl, in Einbildung, in Vorsatz, in Entschluß, in Wunsch, in Sehnsucht, apokalyptisch, in Theatertrug so gerne hunderttausend Meilen sich selbst voraus. Der Gläubige jedoch (der Gegenwärtige) ist im höchsten Sinne des Wortes gleichzeitig mit sich selbst. Und dass man mit des Ewigen Hilfe mit sich selbst heute ganz und gar gleichzeitig ist, das ist auch das am meisten Bildende und Entwickelnde, es ist der Gewinn der Ewigkeit." (78)

ich nicht, diese Welt gebrauchen, als brauchte ich sie nicht." Diese Begrenzung der Zeit setzt ungeahnte Kräfte frei, so dass Neues riskiert werden kann. Jetzt öffnen sich Spielräume zum Planen, Gestalten und Wahrnehmen von so manchen Anregungen, wie sie auch das Impulspapier enthält. Jetzt tut sich wirklich so etwas wie „Kirche der Freiheit" auf. Ich denke z. B. an das Stichwort „Stiftungspfarrämter", das im Impulspapier (75) kurz einmal auftaucht. Ich denke an „Pfarrämter auf Zeit" oder an das, was in der Zeit der Bekennenden Kirche „missionarische Pionierstationen"[18] genannt wurde. Dorthin wurden etwa die Finkenwalder Vikare geschickt wurden, die von der offiziellen Kirche nicht übernommen und dann von den Gemeinden der Bekennenden Kirche in sparsamster Weise finanziert wurden. Ob nicht unter den Studierenden heute viele, die der trostlosen Aussicht auf Arbeitslosigkeit die Perspektive eines „Risiko-Pfarramtes" in einer neuen Gestalt vorziehen, um ihrer inneren Berufung nachzukommen und sie durch äußere Berufung bestätigt zu bekommen?

2. Nachdem ich an der Universität emeritiert wurde und nunmehr das Vergnügen habe, nur noch die Vorlesungen und Seminare anbieten zu dürfen, die mir Spaß machen, denke ich an Emeriti unter den Pfarrerinnen und Pfarrern, die gern noch ihre Dienste und Gaben in begrenztem Maß anbieten würden, wenn sie nur gefragt und sinnvoll eingesetzt würden. Wird eigentlich der Schatz der Alten in unserer Kirche angemessen und phantasievoll gebraucht? Oder bleibt hier vieles nur dem Zufall und der good-will-Mentalität aktiver PfarrerInnen überlassen? Dabei denke ich nicht bloß an Predigt- und Vakanzvertretungen, sondern auch daran, dass ich unter denen, die nicht mehr aktiv in das kirchliche Gerangel verstrickt sind, viele als geeignete Seelsorger für Seelsorger und als Beichtväter und Beichtmütter vermute. Wäre das nicht eine der dringlichsten und zugleich nächstliegenden Fragen, die noch vor der Sorge um vermehrte Prädikantenausbildung rangiert?

---

[18] Vgl. Christian Möller, Lehre vom Gemeindeaufbau, Bd. 1, Göttingen 1987, 211 ff.

3. Michael Welker kritisierte eine Hochrechnungsstrategie der EKD aus dem Jahr 1986, die ganz ähnlich wie das heutige Impulspapier „Kirche der Freiheit" die evangelische Kirche bis ins Jahr 2030 anhand von Trendmarken zu berechnen versuchte. Welker rechnete damals nach derselben Logik weiter und fand heraus, dass dann in 150 Jahren alle Deutschen ausgestorben und in 100 Jahren alle evangelische Christen verschwunden seien. Die Hochrechnung sei mit dem Jahr 2030 weit genug angelegt, um sensationelle oder gerade noch plausible Daten zu liefern. „Würde man den Zeitraum deutlich verkürzen, unterbliebe die Sensation. Würde man den Berechnungszeitraum aber verlängern, so verlöre sich die Plausibilität und die Hochrechnung würde als reine Spekulation offensichtlich."[19] Stattdessen regte Welker an, sich doch lieber auf die Fragen, Enttäuschungen oder Gleichgültigkeit der Menschen heute zu konzentrieren, die die Kirche tatsächlich verlassen haben, sie aufzusuchen, um mit ihnen ins Gespräch zu kommen. Viele von ihnen sind ja ausgetreten, weil niemand sie jemals aufgesucht hat, und weil sie sich von der Kirche einfach im Stich gelassen fühlten. Das wäre der nächstliegende Schritt, die tägliche Plage, solchen Menschen nachzugehen, sie nicht bloß als Objekt von Bekehrung, Mission und möglichst baldigem Wiedereintritt anzusehen, sondern ihnen als Partnern mühevoller und langfristiger Gespräche auf gleicher Augenhöhe zu begegnen.

Zusammenfassung

Es ging um zwei Denkweisen, mit der Zukunft umzugehen: es geht in dem Impulspapier der EKD um ein futuristisches Denken, das die Zukunftschancen der Kirche hochrechnet, dabei Umfrageergebnisse und Trends auswertet, „Leuchtfeuer" und d.h. Zielvorstellungen markiert, daraus Zwischenschritte ableitet, die gegangen werden müssen, wozu die entsprechende Bereitschaft

---

[19] M. Welker, Kirche ohne Kurs? Aus Anlaß der EKD-Studie „Christ-Sein gestalten", Neukirchen 1987, 11.

und der „Mentalitätswechsel" von allen Mitarbeitern eingefordert wird. Es ist ein Organisationsschema, wie es im Grunde jede Firma bei ihrer Zukunftsplanung einsetzt. Warum sollte die Kirche nicht auch von betriebswirtschaftlichem Denken lernen?! Der Preis freilich ist auch zu kalkulieren: Die EKD nimmt mehr und mehr das Bild einer Firma an, die so sicher oder so unsicher ist, wie eben die Zukunft von Firmen mitsamt ihren Stellenchancen heute sicher oder unsicher ist.

Aus Jesu Bergpredigt haben wir ein adventliches Denken kennen gelernt, das zuerst nach dem Kommen des Reiches Gottes trachtet und sich deshalb auch die Zukunft der Kirche von Jesus im Licht eines himmlischen Vaters zeigen lässt, der für Vögel unter dem Himmel wie für Lilien auf dem Feld sorgt und um die Bedürfnisse der Seinen um so mehr Bescheid weiß. Dieses adventliche Denken, das die Zukunft als Zukommen Gottes sorglos im Rücken weiß, kann sich geistesgegenwärtig auf die nächstliegenden Besorgungen, Aufgaben, Pflichten heute konzentrieren und dabei der Gegenwart dessen vertrauen, der verheißen hat: „Siehe, ich stehe vor der Tür und klopfe an. Wenn jemand meine Stimme hören wird und die Tür auftun, zu dem werde ich hineingehen und das Abendmahl mit ihm halten und er mit mir." (Offb 3,20)

3. Von der Suche nach „Qualitätssicherung" zur Wiederentdeckung reformatorischer Taufqualität[20]

Ein maßgeblicher Begriff des EKD-Impulspapiers „Kirche der Freiheit", der merkwürdig unbestimmt bleibt, lautet „Qualitätssicherung". Ich will versuchen, diesem Schlüsselbegriff eine inhaltliche Bestimmung zukommen zu lassen, indem ich an die für die Reformation so zentrale Qualität der Taufe in verschiedenen Perspektiven erinnere.

Mit Berufung auf 1Petr 2,9 „Ihr aber seid das auserwählte Geschlecht, die königliche Priesterschaft, das heilige Volk..."

---

[20] Überarbeitete Fassung eines Vortrags im lutherischen Konvent Bremen am 30.9.2007.

machte Martin Luther die Christen auf das aufmerksam, was sie durch die Taufe geworden sind: Priestertum aller Getauften. Zugleich verwarf er die römische Zertrennung der Christenheit in geweihte Priester einerseits und weltliche Laien andererseits: „Die Papisten heißen die Pfaffen geistlich, die andern Christen weltlich, aber St. Petrus (2,9) redet zu allen, die Christen sind, und sagt, dass sie das heilige Priestertum haben".[21] Die Taufe als Grundsakrament aller Christen konnte Luther gar nicht hoch genug rühmen: „Was aus der Taufe gekrochen ist, das kann sich rühmen, schon zum Priester, Bischof und Papst geweiht zu sein, obwohl es nicht einem jeden ziemt, solch Amt zu üben"[22]. Durch die Taufe bekommen alle Christen eine geistliche Qualität, mit der sie einander zu Priestern werden, die stellvertretend füreinander Fürbitte vor Gott, Fürsprache und Fürsorge ausüben und Gemeinschaft der Heiligen durch Gemeinschaft am Heiligen werden. So wächst das allgemeine Priestertum aller Getauften, in welchem Gott das Amt des Wortes gestiftet hat, damit es allen zugute kommt, „obwohl es nicht einem jeden ziemt, solch Amt zu üben". Es ging Luther nicht um eine Egalisierung oder Nivellierung, wenn er vom Priestertum aller Getauften spricht, sondern um eine geistliche Qualifizierung, die jeden und jede in der Gemeinschaft der Heiligen zu ihrem Stand, zu seinem Amt, zu ihrer Berufung und zu seiner Begabung bringt.

Mit diesen reformatorischen Erinnerungen bin ich mitten im Impulspapier der EKD, wo es zum „Aufbruch bei allen kirchlichen Mitarbeitenden" im 5. Leuchtfeuer programmatisch heißt: „Auf Gott vertrauen und das Leben gestalten – das Priestertum aller Getauften und das freiwillige Engagement als Kraftquellen der evangelischen Kirche fördern" (67). Wenn ich die „Qualität der Taufe" bedenke, möchte ich „das Priestertum aller Getauften und das freiwillige Engagement als Kraftquellen der evangelischen Kirche fördern" helfen. Ich bin der Überzeugung, dass „freiwilliges Engagement" und „ehrenamtliche Mitarbeit" in der evangelischen Kirche nicht besser gefördert werden können, als durch eine Rückbesinnung auf die Qualität der Taufe und das

---

[21] M. Luther, Walch-Ausgabe 9, 1012.
[22] M. Luther, WA 6, 408, 11–13.

Priestertum aller Getauften, das „dort lebt, wo ein Christ dem anderen ein Priester und Nächster wird" (68). In diesem Sinn soll nun die Taufe in ihrer Bedeutung für das Wesen und die Praxis der Kirche heute zur Sprache kommen.

Die Gnadenqualität der Taufe

Nirgendwo wird Gottes rechtfertigendes Handeln in seiner Gnade so rein und so klar deutlich wie in der Taufe an einem Menschen, der noch nichts geleistet hat, sondern völlig abhängig von der Mutterbrust ist, und nun bis in die Tiefenschichten seines Seins mit Handauflegung und dreimaliger Wasserbesprengung zu hören und zu spüren bekommt: „Ich taufe dich auf den Namen des Vaters und des Sohnes und des Heiligen Geistes". Hier kommt in verdichteter Weise das ganze Wesen der Kirche zum Ausdruck: Kirche ist der Ort, wo Gottes zuvorkommende Gnade im Namen des dreieinigen Gottes gefeiert, den Menschen zugesprochen und ausgeteilt wird durch den Zuspruch der Absolution und die Versiegelung mit den Sakramenten der Taufe und des Abendmahls. Von der Gnadenqualität der Säuglingstaufe aus strahlt das Wort des Epheserbriefes (2,8) in alle Bereiche und alle Menschen der Kirche hinein und qualifiziert sie neu: „Aus Gnade seid ihr selig geworden durch Glauben, und das nicht aus euch: Gottes Gabe ist es, nicht aus Werken, damit sich niemand rühme."

Bonhoeffer hat 1942 für die Bekennende Kirche ein Taufgutachten verfasst, in dem es heißt:

> Die Sehnsucht nach einer von der Welt geschiedenen, reinen, echten, wahrhaftigen, einsatz- und kampffähigen Gemeinde der Gläubigen ist in einer verweltlichten Kirche sehr begreiflich, aber sie ist voller Gefahren: zu leicht tritt hier ein Gemeinde-Ideal an die Stelle der wirklichen Gemeinde Gottes; zu leicht wird die reine Gemeinde als von Menschen zu vollbringende Leistung verstanden; zu leicht werden die Gleichnisse Jesu vom Unkraut im Acker und vom Fischnetz übersehen; zu leicht wird vergessen, dass Gott die Welt geliebt hat und will, dass allen Menschen geholfen werde; zu leicht verdrängt ein kurschlüssiger gesetzlicher Biblizismus die verantwortliche theologische Besinnung. Die Scheidung der Gemeinde von

der Welt, die Reinheit, Kampfbereitschaft, Wahrhaftigkeit der Gemeinde sind nicht an sich selbst direkt zu erstrebende Ziele, sondern sie Früchte, die einer echten Verkündigung des Evangeliums von selbst folgen. Luthers Reformation kam nicht aus dem Versuch der Verwirklichung eines besseren, vielleicht „urchristlichen" Gemeinde-Ideals, sondern aus der neuen Erkenntnis des Evangeliums aus der Heiligen Schrift. Nicht um Wiederherstellung der urchristlichen Gemeinde, sondern nur um Ausrichtung des Evangeliums heute kann es gehen. Echte kirchliche Erneuerung wird sich von Schwärmerei immer dadurch unterscheiden, dass sie an den zentralen und gewissen Lehren der Schrift ihren Ausgang nimmt. Nun ist es zwar unzweifelhaft, dass die rechte Verwaltung des Taufsakraments eine zentrale Forderung der Schrift ist; jedoch lässt sich die Verwerfung der Kindertaufe nach allem bereits Gesagten bestimmt nicht als eine zentrale und gewisse Lehre der Heiligen Schrift bezeichnen. Wo aber Menschengedanken – und seien es die besten, reinsten und frömmsten – zum Ausgangspunkt kirchlicher Erneuerungsbestrebungen gemacht werden, dort ist die Sache der Kirche, die allein auf dem klaren und gewissen Worte Gottes ruht, gefährdet, besonders wenn sich Menschengedanken unter der Verwerfung des Glaubens der Kirche allein als göttliche Wahrheit ausgeben.[23]

Von der Säuglingstaufe her konstituiert sich die Kirche als eine Gemeinschaft der aus Gnade Geheiligten, die ein Leben lang damit zu tun haben, ihre Taufgnade als neue Qualität ihres Lebens im Glauben zu gebrauchen. Nun bekommt alles, was ein Mensch zu tun hat, von der kleinsten Aufgabe bis zur größten Herausforderung, einen ganz neuen Schwung, muss sich doch keiner mehr mit seinem gelungenen Werk rühmen oder seinem misslungenen Werk verdammen, sondern kann durch Gottes Gnade seine Erfolge wie seine Misserfolge zu Gottes Ehre und des Nächsten Wohl loslassen und freigeben.

Der rechte Gebrauch der Säuglingstaufe schließt die Möglichkeit ein, dass einer – aus welchen Gründen auch immer – als Säugling nicht getauft werden konnte. Was hindert es, dass er – dem Kämmerer aus Apg 8 gleich – zu späterem Zeitpunkt getauft wird, weil er von der Qualität einer durch Gnade bestimmten Kirche so angezogen wird, dass er auch in den Raum von Vater,

---

[23] Ges. Schriften III, 450 f.

Sohn und Heiligem Geist, d. h. in den Raum und das Element der Gnade mit Leib und Seele getaucht werden will? Die Scheidung der aus Gnade Geheiligten und einer Gemeinschaft der Gläubigen, die die Glaubenstaufe praktizieren, setzt erst ein, wenn prinzipiell den Kindern und Säuglingen die Taufe verweigert wird, weil sie angeblich noch keinen Glauben hätten. Aus dieser Taufverweigerung erwachsen auf Dauer alle weiteren Probleme der Selbstrechtfertigung der eigenen Entscheidung zum Glauben. An der Qualität der Taufe wird erkannt, ob es um eine Kirche sola gratia geht, eine Gemeinschaft der allein aus Gnade Geheiligten.

Die kritische Qualität der Taufe

Die kritische Qualität der Taufe ging mir ganz praktisch an einem Taufgespräch auf, bei dem der schon ältere Vater sich als sehr stolz darauf präsentierte, dass er noch ein Kind bekommen hatte. Er habe für sein Kind schon alles geplant, was sich nur denken lasse: Den Kindergarten kenne er schon, die Schule auch, in die seine Tochter gehen werde, und was sie einmal studieren werde, habe er auch schon geplant. Kurzum, das arme Kind, so dachte ich, ist ja schon verplant von der Wiege bis zur Bahre. Warum das Kind noch getauft werden solle? „Nun, das gehört doch dazu!" („wie eine Schluckimpfung", dachte ich). Da entfuhr mir der Vorschlag: An seiner Stelle würde ich das Kind nicht taufen lassen. „Wieso?" „Weil das Kind auf den Namen eines himmlischen Vaters getauft werden soll, der möglicherweise ganz andere Pläne hat, die die Pläne des Vaters durchkreuzen." Da verstummte dieser bisher so redselige Mann, und seine bisher stumm gebliebene Frau nahm jetzt das Wort: Eigentlich begehre sie jetzt besonders gern die Taufe für ihr Kind! Der Vater akzeptierte diese zarte Ohrfeige schmunzelnd, und wir waren rasch bei der Frage, wie die Übergabe des Kindes an den himmlischen Vater am besten in der Taufhandlung zum Ausdruck kommen könne: Die Paten als Anwälte des Kindes vor Gott und gegenüber den Eltern seien es ja, die das Kind über die Taufe heben, während die Eltern das Kind so deutlich wie nur möglich vor der Taufe an die Paten zu übergeben haben. Aus gemessenem Abstand weilten nun die

Eltern der Taufe ihres Kindes bei, während sie nach der Taufe das Kind in die Arme gelegt bekamen und mit ihrem Kind vor dem Altar niederknieten, um für ihr Elternamt gesegnet zu werden.

Die kritische Qualität der Taufe besteht im Kern darin, dass aus leibeigenen Kindern, über die Väter oder Mütter aus bester Absicht heraus nur allzu gern verfügen, durch die Taufe Kinder Gottes werden, die den Eltern als Leihgaben Gottes in die Arme gelegt werden, für die sie den Segen Gottes bekommen und in die Verantwortung vor Gott genommen werden. Natürlich kann diese Wahrheit nur in einer symbolisch verdichteten Form während einer Taufhandlung zum Ausdruck kommen. Je deutlicher das geschieht, desto klarer wird die kritische Qualität der Taufe, die in das ganze Leben eines Christen wie in die ganze Kirche ausstrahlen will.

Paulinisch gesprochen: Es geht um den Kampf von Fleisch und Geist, der mit der kritischen Qualität der Taufe in das Leben eines Christen hineingetragen wird. Um diesen Kampf an jener Taufhandlung zu verdeutlichen: So wahr der Vater Fleisch und Blut hat, ist er nicht davor gefeit, seine Tochter immer wieder wie seine Leibeigene zu behandeln, so dass sie ein Opfer seiner Pläne wird. Und doch hält die kritische Wahrheit der Taufe dagegen, dass das Kind in den Raum von Vater, Sohn und Heiligem Geist gestellt wird, wo es mehr ist als bloß das Produkt seiner Eltern. Es ist vielmehr vom Geist Gottes berührt und inspiriert, so dass es unter dem geöffneten Himmel Gottes eigene Schritte und Wege als Kind Gottes entdecken kann und soll. Dieser Kampf zwischen Fleisch und Geist währt ein Leben lang und wird begleitet von einer Kirche, die ihrerseits in diesen Kampf hineingestellt ist. Als menschliche Institution will sie mächtig sein, Einfluss ausüben, eine angesehene Größe sein; als Gemeinschaft der allein aus Gnade Geheiligten aber hat sie sich vom Geist Gottes leiten zu lassen und muss dafür offen sein, was Gott mit ihr vor hat. In diesem Kampf zwischen Fleisch und Geist nennt Luther die Kirche die „maxima peccatrix",[24] die größte Sünderin, die am allermeisten auf Gnade angewiesen ist.

Im Blick auf die kritische Qualität der Taufe, die das Wesen der

---

[24] WA 24/1, 276, 6 – 277,1.

Kirche wie jedes einzelnen Christen bestimmt, kommt auch die Differenz zur Lehre der römisch-katholischen Kirche zum Ausdruck, wonach mit der Taufe alle Sünde aus dem Leben eines Christen verschwunden sei und nur noch ein Zunder (lat. fomes) zurück bleibe, an dem sich das Böse entzünden könne. Ein Christ habe in der Heiligung mannhaft gegen diesen Zunder zu kämpfen, wobei ihn die Kirche mit ihren Gnadenmitteln unterstützt. Der Christ sei durch die Taufe auf den Weg der Heiligung gestellt, auf dem ihm die durch die Kirche Selig- und Heiliggesprochenen wie Leitsterne leuchten. Wer hinfällt, wird durch die Kirche wieder aufgehoben und erneut auf den Weg der Vervollkommnung (lat. perfectio) geschickt.

Das ist faszinierend und furchtbar zugleich. Immer sündloser durch Pilgern, Fasten, Beichten, Opfern usw. zu werden, muss dem auf Leistung versessenen Menschen als religiöse perfectio seines Lebens großartig erscheinen. Es ist aber furchtbar für den, der es mit der Macht der Sünde zu tun bekommt und in dem Kampf von Geist und Fleisch der Perversion der Sünde erliegt: „Das Gute, das ich will, vollbringe ich nicht, sondern das Böse, das ich nicht will, bewirke ich." (Röm 7,19) Im Blick auf dieses und ähnliche Worte der Bibel prägte Martin Luther für den im Kampf zwischen Geist und Fleisch befindlichen Christen die Formel „gerecht und Sünder zugleich": Gerecht bin ich durch die Taufe und das Evangelium auf Hoffnung gesprochen, als Sünder erfahre ich mich zugleich aber immer wieder. Wenn aber die Taufe ihre kritische Qualität verliert und alle wesenhafte Sünde wegnimmt, müssen sowohl die Kirche wie jeder einzelne Christ sich auf einen Weg der Vervollkommnung (perfectio) zu immer größerer Heiligkeit und Sündlosigkeit begeben und zugleich taub werden für Worte der Bibel wie 1Joh 1,8: „Wenn wir sagen, wir haben keine Sünde, so betrügen wir uns selbst, und die Wahrheit ist nicht in uns."

Die ökumenische Qualität der Taufe

Die Taufe ist das Sakrament der Einheit zwischen den verschiedenen Kirchen. Deshalb gibt es gemeinsame Tauferinnerungsfeiern von evangelischen und katholischen Christen, z.B. am Pfingstmontag, weil die Taufe einen für alle geöffneten Himmel aufschließt. Von der ökumenisch verstandenen Taufe her kommen ökumenische Möglichkeiten in den Blick, die Evangelische und Katholische Kirche trotz allem zusammenrücken lassen, angefangen bei einer evangelischen Erstkommunion der Kinder bis hin zu gemeinsamen Tauferinnerungsfeiern, bei der sich alle mit einem Wasserzeichen bekreuzigen dürfen. Vieles andere wäre hier noch zu nennen, was zu einer Verleiblichung des christlichen Glaubens führt.

Es ist und bleibt ein zentrales reformatorisches Anliegen, die Taufe als das einigende Band der Ökumene festzuhalten und unter dem in der Taufe geöffneten Himmel so viel Begegnung wie nur möglich mit anderen Kirchen zu suchen, z.B. in ökumenischen Hauskreisen, in denen auch katholische Christen eine Heimat finden, die an den ökumenischen Inspirationen des II. Vatikanischen Konzils festhalten und sie weiterleben wollen. Praktisch denke ich an ökumenische Stadtteilfeste, an ökumenische Bündnisse für den Schutz des Lebens usw. Der Fantasie sind hier keine Grenzen gesetzt, solange Ökumene unter dem geöffneten Himmel der einen Taufe stattfindet.

Die missionarische Qualität der Taufe

Wenn von missionarischem Handeln der Kirche heute die Rede ist, wird die Taufe oft ausgeblendet. Es komme auf Jesus und die Bekehrung zu IHM an, nicht aber auf die Taufe. Das ist eine denkbar unglückliche Alternative, ist doch der Taufbefehl Jesu in Mt 28,19 f integraler Bestand seines Missionsbefehls: „Gehet hin in alle Welt und machet zu Jüngern alle Völker, indem ihr sie 1. tauft auf den Namen des Vaters und des Sohnes und des Heiligen Geistes und 2. lehrt alles zu halten, was ich euch befohlen habe." Mit jeder Taufe, zumal mit der Taufe von Kindern, übernimmt die

Kirche eine missionarische Verantwortung dafür, dass Menschen ihre Taufe im Glauben mehr und mehr ergreifen. Martin Luther ging bei der Erneuerung der Kirche als „Priestertum aller Getauften" noch weiter, wenn er im Kleinen Katechismus die tägliche Rückkehr zur Taufe forderte, damit „der alte Adam (und die alte Eva) in uns durch tägliche Reue und Buße soll ersäuft werden und sterben mit allen Sünden und bösen Lüsten und wiederum täglich herauskommen und auferstehen ein neuer Mensch, der in Gerechtigkeit und Reinheit vor Gott ewiglich lebe". Die geistlich deklassierten Laien des Mittelalters erkannten mit Luthers Hilfe die Taufe als ihre Priesterweihe, so dass ein Priestertum aller Getauften entstand, in welchem jeder und jede ihrer Berufung, ihres Standes und ihrer Gaben zum Aufbau der Gemeinde bewusst wurden. Das ist freilich nur möglich, solange der Trost und der Trotz der Taufe immer wieder neu gelehrt, gepredigt und erinnert wurden, wie es Luther den Pfarrherren im Großen Katechismus einschärfte: „Ein jeder Christ hat sein Leben lang genug zu lernen und zu üben an der Taufe; denn er hat immerdar zu schaffen, dass er festiglich gläube, was die Taufe zusagt und bringt: Überwindung des Teufels und Todes, Vergebung der Sünde, Gottes Gnade, den ganzen Christum und Heiligen Geist mit seinen Gaben."[25]

Das sind starke Worte, zumal in einer Zeit, da Kinder zur Taufe angemeldet werden, deren Väter zuweilen längst verschwunden sind, die Mutter aus der Kirche ausgetreten, um mit Hilfe der eingesparten Kirchensteuer ein wenig besser durchzukommen, und ein Pate nicht vorhanden ist. Warum sollen aber diese Kinder nicht getauft werden? „Ach, Herr Pfarrer, die sollen es mal besser haben als ich, und vielleicht sind sie durch die Taufe besser von Gott beschützt." So oder ähnlich mag es heißen.

Ich taufe diese Kinder gern und lege der Mutter die Bitte ans Herz, sie möge doch abends vor dem Einschlafen mit den Kindern beten. Wenn sie mich fragt, was sie denn beten solle, gebe ich ihr ein Heftchen mit Kindergebeten.[26] Wendet die Mutter ein,

---

[25] BSLK, ³1956, 699, 26–34.

[26] Nach einem für Kindergebete am Bett geeigneten „Gebetswürfel" (wie es ihn für Tischgebete längst gibt) suche ich noch.

dass sie selbst eigentlich nicht glaube, so entgegne ich, dass diese Gebete nicht auf gläubige Mütter oder Väter angewiesen sind, sondern allererst einen Glauben mit sich bringen. Das werde sie merken, wenn sie die Gebete – wie der Buddhist sein Mantra – regelmäßig spricht. Die Kinder aber bekämen durch die Gebete ein starkes Urvertrauen und seien dann dem Leben ganz anders gewachsen. Noch schöner wäre es freilich, ich könnte der Mutter mit ihren Kindern einen Gemeindepaten an die Seite stellen, der öfter mal vorbeischaut, zumal an den Tauftagen der Kinder. Der jährliche Tauftag ist eine Möglichkeit, um die Taufe mehr und mehr ins Leben hineinzuziehen und Kinder im Glauben wachsen zu lassen. Wenn Kindergärtnerinnen oder Lehrer im Religionsunterricht die Tauftage der Kinder feiern, so werden die anderen Kinder wie von selbst neugierig, ob sie eigentlich selbst getauft sind. Die Nichtgetauften wollen nun in der Regel auch bald getauft werden, woraus wiederum ein großes Tauffest im Kindergarten oder mit der Schulklasse entsteht, bei dem auch die Getauften aufs neue ihrer Taufe inne werden. So lässt sich aus der Not, dass immer mehr Kinder ungetauft zum Konfirmandenunterricht angemeldet werden, die Tugend entwickeln, dass vor der Konfirmation im Mai noch ein großes Tauffest in der Osternacht mit dem ganzen Konfirmandenkurs gefeiert wird.

Aus diesen Andeutungen dürfte ersichtlich werden, wie sehr es darauf ankommt, die Taufe im Glauben einzuüben und sie nicht als kirchliches Ritual am Anfang des Lebens stehen zu lassen. Noch entschiedener als in früheren Zeiten mag heute zuweilen die Erwachsenentaufe angesagt sein, wenn die Verhältnisse danach rufen. Nicht die Erwachsenentaufe bzw. der Taufaufschub ist für eine reformatorische Kirche das Problem, sondern die prinzipielle Verweigerung der Kindertaufe.

Das viel größere Problem sehe ich aber heute darin, dass die Einübung der Taufe in den Glauben unzureichend geschieht oder gar ausfällt, so dass Mk 16,16 faktisch nach dem Motto praktiziert wird: „Wer da getauft ist und Kirchensteuern zahlt, der wird selig." Die Frage nach der Einübung des Getauftseins, der Einweisung in das Christ-Sein und d. h. die Frage nach dem Glauben, der von der Taufe Gebrauch macht, fällt jedoch meist aus. Von einer missionarischen Qualität der Taufe kann dann wohl kaum noch die Rede sein.

Die charismatische Qualität der Taufe

Den biblischen Begriff „Charisma" möchte ich nicht allein pfingstlichen Gruppen überlassen, die meist auch „Charismatiker" genannt werden. Ich möchte ihn auch für eine Kirche zurückgewinnen, die in der Taufe das Charisma des ewigen Lebens verleiht: „Wisst ihr nicht, dass alle, die wir auf Christus Jesus getauft sind, die sind in seinen Tod getauft?" (Röm 6,3) „Der Tod ist der Sünde Sold; das Charisma Gottes aber ist das ewige Leben in Christus Jesus, unserm Herrn." (Röm 6,23) Charisma ist eine Gnadengabe, die ganz und gar von Gott kommt. Das Charisma aller Charismen ist das ewige Leben, das in Christus Jesus aus Gottes Welt in unsere Welt gekommen ist und dem als Gnadengabe geschenkt wird, der durch die Taufe in den Tod Christi getaucht ist, um mit ihm aufzuerstehen und ewiges Leben geschenkt zu bekommen. Der Kampf zwischen Fleisch und Geist, der in der Taufe eröffnet wird, sieht konkret so aus, dass ich im Fleisch geboren bin, um eines Tages wieder zu sterben, während ich in der Taufe in Christi Tod begraben werde, um mit ihm aufzuerstehen und ewig mit ihm zu leben. Diese beiden Linien vom Leben zum Tod und aus dem Tod zum Leben durchkreuzen sich in meiner natürlichen und in meiner durch die Taufe eröffneten geistlichen Biografie.

Das sind starke Worte, die danach rufen, einen Sitz im Leben heute zu finden. Die Katholische Kirche scheint mir die Tauferinnerung deutlicher als die Evangelische Kirche festgehalten zu haben, wenn sie z. B. im Zusammenhang des Begräbnisses die Tauferinnerung durch Besprengung des Sarges mit Taufwasser ausübt und die biblischen Worte aus Phil 1,6 hinzufügt: „Der in dir angefangen hat das gute Werk (der Taufe), der wird es vollenden bis an den Tag Jesu Christi." Hier kommt die charismatische Qualität der Taufe zur Geltung, und sie hat für die Hinterbliebenen eine tröstliche Wirkung. Noch im letzten Jahrhundert gab es auch in evangelischen Bereichen den Brauch, den Toten in das Westerhemd der Taufe zu kleiden, wie es ja heute noch den an die dreimalige Besprengung mit Taufwasser erinnernden Brauch des dreimaligen Erdwurfes bei der Beerdigung gibt. Die charismatische Qualität der Taufe in der Gnadengabe des ewigen Lebens gegen den Tod als der Sünde Sold wieder symbolisch stark zu machen, um den Menschen Hilfe im Umgang mit dem Tod zu geben, scheint mir eine wichtige Aufgabe der Kirche zu sein. Dann wird deutlich, dass das Priestertum aller Getauften eine Gemeinschaft von Lebenden und Toten ist, die kraft der Taufe auf Gottes Seite gehören.

Ich habe versucht, eine „Qualitätssicherung" der kirchlichen Arbeit im Blick auf die Taufe inhaltlich durchzuführen, indem ich daran erinnerte: 1. die Gnadenqualität, die das Wesen der Kirche an der Säuglingstaufe aufscheinen lässt; 2. die kritische Qualität der Taufe, die einen Kampf von Fleisch und Geist in das Christsein des einzelnen wie der ganzen Kirche hineinträgt; 3. die ökumenische Qualität der Taufe, die die Taufe als das gemeinsame Band der Kirchen und Gemeinden unter dem geöffneten Himmel Gottes zur Geltung bringt; 4. die missionarische Qualität der Taufe, mit der die Taufe ins Leben gezogen und im Glauben eingeübt wird; 5. die charismatische Qualität der Taufe, die das Priestertum aller Getauften als Gemeinschaft von Lebenden und Toten in den Blick bringt.

Ich hoffe, durch diese fünffache Tauferinnerung das getan zu haben, was im 5. Leuchtfeuer des Impulspapiers gefordert wird: „das Priestertum aller Getauften und das freiwillige Engagement als Kraftquellen der Kirche zu fördern." Nun wird die Qualität der Evangelischen Kirche an zwei Aufgaben erkannt: 1. dass sie den Menschen im Licht der Taufe das ewige Leben als Gottes Gnadengabe mitten in diesem zeitlichen Leben erschließt; 2. dass sie den Menschen im Licht der Predigt und des Abendmahls die Vergebung der Sünde allein aus Gnade um Christi willen verkündigt und mit ihnen Gottes versöhnende Gegenwart feiert. Alles andere können Sozialagenturen, Volkshochschulen und Vereine genauso gut und meist noch besser.

4. Von der Resignation zum Vertrauen

Predigt über Hebr 10, 35[27]

Der Hebräerbrief ist das Testament eines wandernden Gottes-volkes. Dieses Volk geht durch die Zeiten und weiß sich nach rückwärts mit dem Volk Israel verbunden und nach vorn hin mit allen, die der Wiederkunft Jesu Christi entgegengehen. Deshalb ist das letzte Wort, auf das alles im Hebräerbrief abzielt: „Jesus Christus, gestern und heute und derselbe auch in Ewigkeit."

Auch wir sind eingeladen, uns von dem langen Atem dieses Gottesvolkes inspirieren zu lassen. Der Hebräerbrief rechnet mit der Ewigkeit Jesu Christi, die in die Zeit hineinragt und vieles von dem, was uns riesig erscheint, ziemlich klein und unscheinbar macht. Wer heute etwas von dieser Ewigkeit zu spüren bekommt, dem wird weit ums Herz. Du wirst auf eine ganz eigentümliche Weise ruhig, weil du zu ahnen beginnst, dass einer unsichtbar an deiner Seite mitgeht, der dich von Anfang an begleitet und manchmal auch aufgehoben hat, wenn du nicht mehr weiter konntest. DER wird dich auch begleiten bis in die letzten Atem-züge hinein.

Der Hebräerbrief sagt es auf seine Weise so: „Es ist noch eine Ruhe vorhanden für das Volk Gottes, denn wer zu Gottes Ruhe gekommen ist, der ruht auch von seinen Werken, so wie Gott von den seinen." Mit dieser Ruhe, in der auch unsere Toten geborgen sind, will der Hebräerbrief Lebende anstecken, als wollte er sagen: „Siehe, es war nicht nur alles sehr gut, als Gott die Welt geschaffen hat und dann am siebenten Tag ruhte; es wird auch alles wieder sehr gut werden, wenn Gott alles in allem sein wird, und kein Leid und kein Kriegsgeschrei mehr sein wird, und die Tränen deines Lebens abgewischt werden."

Wenn du dich selbst und dein Leben einmal in dieser großen Perspektive zu sehen beginnst, wirst du mit einer Ruhe erfüllt, die vieles von dir abfallen lässt, was dich sonst so sehr umtreibt. Vielleicht bekommen wir von dieser eigentümlichen Ruhe etwas

---

[27] Predigt in Berlin-Lichterfelde am 7.9.2008.

zu spüren, wenn wir uns auf das Wort aus dem Hebräerbrief einlassen, das uns heute, am 16. Sonntag nach Trinitatis, zu bedenken aufgegeben ist: „Werfet euer Vertrauen nicht weg, welches eine große Belohnung hat".

1. Am besten schildere ich zuerst an einer ganz konkreten Szene, wie das aussieht, wenn einer sein Vertrauen nicht wegwirft, obwohl er manchen Grund dazu hätte: Stellen Sie sich heranwachsende Schüler vor, pubertär bis in die Haarspitzen, nicht wissend, ob sie Fisch oder Fleisch, Kind oder Erwachsener sind, verpickelt, scheinbar abweisend, von träger Bummeligkeit – und von denen sollen Sie gleich eine ganze Horde hüten. Wie soll das gehen? Meist geht das nach der Regel: actio – reactio, ärgert Ihr mich, dann piesacke ich euch. Doch es geht auch anders, und das nicht nur in dem wunderbaren französischen Film von den Kindern des Monsieur Matthieu, sondern sogar in Berliner Realität: Zeigt Ihr Eure kalte Schulter, dann zeig ich euch meine Musik und lass Euch meine schönsten Platten mithören. Und siehe, die kratzbürstigen Schüler kommen und hören zum ersten Mal in ihrem Leben „die kleine Nachtmusik". Spielt Ihr ewig bloß Monopoly, dieses Geist tötende Spiel des Kapitalismus, dann setze ich einen Jugendchor dagegen und lade euch zum Mitsingen ein. Wisst Ihr in den großen Ferien nichts anzufangen, dann nehme ich euch auf eine große Reise nach Schweden oder in die Alpen mit. Wollt ihr abends nicht einschlafen, dann lese ich euch noch eine Geschichte, und siehe, die Bälger schlafen ein. Sie werden ruhig, weil jemand wider alle Logik der Vergeltung sein Vertrauen nicht wegwirft, sondern einfach darauf setzt, es könnte noch mehr hinter diesen Pickeln stecken, nämlich eine ganz große Unsicherheit, was eigentlich aus ihrem Leben werden soll, und ob sie dem Leben jemals gewachsen sein werden.

Und die Belohnung? Die Schüler vergessen diesen Erzieher nicht. Sie packen wider alle Erwartung das Leben an, geben von dem Vertrauen an andere weiter, das sie selbst erfahren haben. So sieht das aus, wenn einer sein Vertrauen nicht wegwirft. Es wäre schön, wenn das jetzt ein Vater oder eine Mutter zu hören bekommt, die drauf und dran sind, das

Vertrauen zu ihrem Kind wegzuwerfen und sich nur noch einer pädagogischen Moral oder der blanken Verzweiflung auszuliefern, woraus ganz bestimmt nichts Gutes wird.

2. Ein ganz anderes und vielleicht noch tragischeres Wegwerfen von Vertrauen nehme ich gegenwärtig bei vielen Menschen in ihrem Verhältnis zur Kirche wahr. Ich meine den leisen Abschied, das Sich-Verkrümeln von so manchen einst treuen Gemeindegliedern, das Ausbluten von einst strahlenden Gemeinden, die Enttäuschung von Alten, die oft nur noch allein in der Kirche unter sich sind, und vor allem die Enttäuschung von Pastoren, Kirchenvorstehern oder aktiven Mitarbeitern der Gemeinde.

Was wird gegenwärtig nicht alles in bester Absicht versucht, um die Kirche für die Menschen wieder attraktiv zu machen: Zen-Meditation für Anfänger, Yogakurse für Fortgeschrittene, Begegnungen mit dem Islam unter uns, Journalisten auf die Kanzel, Zirkus zum Anfassen oder Karaoke zum Mitsingen. Es mag ein schwacher Trost sein, dass sich schon im Hebräerbrief Sätze finden wie z. B.: „Lasst uns nicht unsere Versammlungen verlassen, wie einige zu tun pflegen …". So ist das offenbar schon gewesen, als die erste Stunde der großen Begeisterung im Urchristentum vorbei war und die zweite und dann gar die dritte Stunde des Christentums kam: Das Verkrümeln und das Erkalten der Liebe begann. Plötzlich und unerwartet gab es dann wieder Zeiten der Erweckung, weil Gottes Wort sich lebendig und kräftig erwies und ein Feld von Totengebeinen sich zu regen begann. Das wandernde Gottesvolk musste oft öde Strecken durchqueren, Wüsten, in denen es zu verdursten schien, bis irgendwo wieder Wasser aus dem Felsen floss, weil einer sein Vertrauen nicht wegwarf, sondern mit dem Stab des Vertrauens die Felsen zum Sprudeln brachte.

Das Volk Gottes hat sich freilich nie mit künstlichen Attraktionen lebendig erhalten können. Und wenn es doch dieser Versuchung erlag, wurde es ihm stets zum Gericht! Das Volk Gottes hat immer darauf gesetzt, dass aus dem Rinnsaal des Wortes wieder ein reißender Bach werden kann, wenn es vom Himmel mit „Strömen der Liebe" regnet.

Der Nachsatz zu unserem Predigttext lautet: „Geduld habt ihr nötig, damit ihr den Willen Gottes tut und das Verheißene empfangt". Geduld – das ist verarbeitete Leidenschaft, die auf Gottes Willen acht gibt und nicht auf eigene Faust die Kirche attraktiv zu machen versucht. Es kann Gottes Wille sein, dass die Kirche durch Täler wie in der Gegenwart geführt wird. Wer da sein Vertrauen nicht wegwirft, der mag die Belohnung empfangen, dass seine Kinder oder Enkelkinder eines Tages verwundert sagen werden: „Gut, dass es die Kirche gibt, wo eine ganz eigentümliche Ruhe vorhanden ist, als wartete da doch Einer auf mich, den ich zu meinem eigenen Schaden ganz vergessen hatte. DER hütet ja auch meine Würde, dass ich ein einzigartiges Geschöpf bin. Und diese Würde des Menschen wird gefeiert, wo Kirche ist.

3. „Werft euer Vertrauen nicht weg, welches eine große Belohnung hat." Ein drittes Mal möchte ich diesen Satz mit denen durchbuchstabieren, die drauf und dran sind, ihr Vertrauen ins Leben wegzuwerfen, und darin auch das Vertrauen zu sich selbst, und im Tiefsten auch ihr Vertrauen zu Gott. Vielleicht sind sie von einer Enttäuschung in die andere geraten, von einer Krankheit in die nächste gestürzt, und nun fragen sie sich ein ums andere Mal: Wie soll es denn nur weitergehen? Wohin führt das alles?

Solchen Menschen ist nicht mit Parolen zu helfen wie „Kopf hoch, es wird schon wieder!" Wer sein Vertrauen weggeworfen hat oder drauf und dran ist, sich selbst aufzugeben, dem ist nicht mit Mutmach-Parolen zu helfen. Ich will solche Menschen nur noch einmal einladen, sich mitsamt ihrer Mutlosigkeit und ihren Zweifeln an die Seite des wandernden Gottesvolkes zu begeben, weil es in dieser Gemeinschaft wahrlich nicht bloß Glaubenshelden gibt, sondern auch Zweifelnde, auch Erschöpfte, auch Mutlose. Wenn sie dennoch mithumpeln oder sich sogar mittragen lassen, dann deshalb, weil sie alle aufblicken zu einem Ziel, das jedem deutlich vor Augen steht, und das gerade für die Erschöpften, für die Mutlosen und Schwermütigen eine ganz eigentümliche Kraft entfaltet. Von diesem Ziel des wandernden Gottesvolkes ist im Hebräerbrief die Rede: „Lasset uns aufsehen zu Jesus, dem Anfänger und Vollender des Glaubens, der, obwohl er hätte Freude haben können, das Kreuz erduldete und die Schande nicht gering erachtete und sich gesetzt hat zur Rechten des Thrones Gottes. Gedenkt an den, der so viel Widerspruch gegen sich von den Sündern erduldet hat, damit ihr nicht matt werdet und den Mut nicht sinken lasst."

Auf den „Anfänger und Vollender des Glaubens" möchte ich gern die Blicke aller richten, die ihr Vertrauen zu sich selbst und zum Leben weggeworfen haben oder drauf und dran sind, es zu tun. ER, der da zur Rechten des Thrones Gottes sitzt, ER ist ja kein Einpeitscher, sondern ist selber gepeitscht und gegeißelt worden. Er sagt dem Verzagten nicht: „Kopf hoch". ER blickt auf Dich und gibt dich nicht verloren, selbst wenn du dich verloren wähnst. Er hat ja selbst viel Tieferes erlitten, als du selbst je erleiden könntest. Und wenn DU dich wegwirfst, hebt er dich auf und sagt zu dir und allen, denen es ähnlich wie dir geht: „Kommet her zu mir alle, die ihr mühselig und beladen seid. Ich will euch aufatmen lassen. Nehmt auf euch mein Joch und lernet von mir. So werdet ihr Ruhe finden für Eure Seele!"

B Plädoyer für die offene Parochie

Zur Einführung

Wenn ich für die offene Parochie plädiere, so blicke ich auf Ortsgemeinden, in denen Offenheit für befristete Angebote ebenso vorhanden ist wie Festhalten an Bewährtem und Weiterführung von Gelungenem. Die alte Form der Parochie wird hier ergänzt und weiter entwickelt. Nicht DER Sonntagsgottesdienst ist die Mitte der Gemeinde, sondern die vielen Gottesdienste, die am Sonntag ebenso wie im Alltag gefeiert werden, in der Kirche, auf dem Friedhof, in Altersheimen, in der Schule und an anderen Orten. „Kirche bei Gelegenheit" hat hier ebenso ihren Ort wie die Kirche auf Dauer; eins durchdringt frei das andere. Übergemeindliche Einrichtungen helfen mit, dass die Parochie weit geöffnet bleibt, zumal auch der Diakoniepfarrer oder die Schulpfarrerin sich mit der Parochie vernetzt und sowohl hier wie dort angestellt sind.

‚Offene Parochie' kann etwa das heißen, was am 20. 11. 2008 in der ZEIT Nr. 48 unter der Schlagzeile „Mit der Bibel zu Lidl" berichtet wurde: Ein Pastor auf St. Pauli hilft den Angestellten eines Discounters, erstmals einen Betriebsrat zu wählen. Gefragt, welche Bedeutung Lidl auf St. Pauli habe, antwortet der Pastor: „Lidl macht den Stadtteil satt. Da gehen sehr viele Leute hin, die wenig Geld haben". Auf die Bemerkung des Reporters: „Die sind nicht alle in der Kirche …" antwortet der Pastor: „Wir verstehen uns als Kirche für den ganzen Stadtteil. „Tu deinen Mund auf für die Stummen", das sei eine Weisheit Salomos.

Hier öffnet sich in der Person des Pfarrers die Parochie und wird zum Sprecher für die Stummen des Stadtteils. Genau das war, ist und bleibt auch der Sinn von Parochie, der sich durch netzwerkartige Angebote und Profilgemeinden nicht ersetzen, vielleicht aber ergänzen lässt, dass die Parochie die nachbarschaftliche Gestalt der Kirche ist, die bei den Menschen am Ort bleibt. Sie ist die „weithin integrativste Sozialform der Kirche".[1]

Dennoch kann nicht bestritten werden, dass Parochien sich zuweilen in einer Selbstgenügsamkeit verschließen und bis zur Unkenntlichkeit einengen können. Wer dann nicht gleich das Kind mit dem Bade ausschüttet, wird für die *offene* Parochie plädieren und an der Öffnung der Ortsgemeinde arbeiten. Das geschieht in den folgenden Überlegungen des Teil B: Gefragt wird, 1. wie eine Gemeinde missionarisch werden kann; 2. wie sich eine verschlossene Gemeinde durch eine reformatorische Wiederentdeckung der Sünde von innen her öffnen kann zur „Gemeinde begnadigter Sünder", die sich mit allen am Ort solidarisch weiß; 3. wie für eine Gemeinde Kult und Kultur ihrer Kirche geistlich erschlossen werden kann, so dass sie von den geistlichen und kulturellen Schätzen ihrer Kirche für sich selbst und für alle am Ort Gebrauch machen kann und 4. wie einem Dorf der Klang der Kirchenglocken als Rhythmus ihres Lebens hörbar werden kann.

1. Missionarische Gemeinde ja – aber wie?[2]

Natürlich muss die Gemeinde Jesu Christi missionarisch sein. Sonst folgt sie nicht der Weisung ihres Herrn: „Gehet hin und machet zu Jüngern alle Völker, indem ihr sie tauft auf den Namen des Vaters und des Sohnes und des Heiligen Geistes, und indem ihr sie lehret zu halten alles, was ich euch befohlen habe." (Mt 28,19 f). Das Missionarische ist nicht ein beliebiges Zusatzattribut der christlichen Gemeinde. Es entscheidet über ihr Sein oder Nichtsein. Entweder ist sie missionarisch, oder sie ist ein selbstzufriedener Verein, der seine Geselligkeit, seine Gemeinschaft, seine Tradition pflegt. Das mag beschaulich und gemütlich sein. Mit der Art aber, wie Jesus seine Jünger aussendet, hat

---

[1] G. Thomas, 364.
[2] Überarbeitete Fassung eines Vortrags vor der Kreissynode des Dekanats Reinheim (EKHN) in Reichelsheim / Odenwald am 16.8.2008.

das nichts mehr zu tun: „Siehe, ich sende euch wie Schafe mitten unter die Wölfe. Darum seid klug wie die Schlangen und ohne Falsch wie die Tauben." (Mt 10,16)

Was aber ist „missionarisch"?

Was aber ist das Missionarische? Ist es „missionarisch", wenn sich ein Zeuge Jehova mit seinem „Wachtturm" am Bahnhofsausgang aufstellt? Oder ist es „missionarisch", wenn sich eine Jugendgruppe in der Fußgängerzone aufbaut und Lieder für Jesus singt? Ist es „missionarisch", wenn die Mormonen ihre Jugendlichen aus Utah nach Europa schicken, damit sie hier zu zweit durch die Strassen laufen, das Buch Mormon verteilen und Hausbesuche machen, die freundlich beginnen, aber im Kern das eine Ziel haben, dass auch ich ein Mormone werde?

Wer solche Aktionen als „missionarisch" bezeichnet, sollte konsequenterweise auch die anderen Gruppen, die sich in der Fußgängerzone mit ihren Liedern, Plakaten und Zeitschriften aufbauen (esoterisch; buddhistisch; ökologisch etc.) als „missionarisch" bezeichnen, denn auch sie haben ein dringendes Anliegen, für das sie „missionarisch" – oder sollte ich besser sagen: werbend? – eintreten. Wo liegen eigentlich die Grenzen zwischen „Mission" und „Werbung"?

Mir sind Grenzen zwischen „missionarisch" und „werbend" egal, mag man einwenden. Dann werbe ich eben für die Sache Jesu und folge so dem Missionsbefehl Jesu. Wohin man aber auf dem Weg der Werbung kommen kann, demonstrierten in den vergangenen Jahren einige evangelische Landeskirchen auf irritierende Weise:

1. Für die Kinos von vierzig badischen Städten wurde im Auftrag des Landesjugendpfarramts der Evangelischen Kirche von Baden ein 35-Sekunden-Spot produziert, der Jungwähler an die kirchlichen Wahlurnen locken sollte. Das Filmchen zeigte ein junges Mädchen, das bei einem Ausstellungsbesuch plötzlich einen Magendruck verspürt. Vor Schmerz gekrümmt legt es sich auf den Boden und lässt geräuschvoll

einen Darmwind ab. Daraufhin skandiert die Darstellung: „Mehr als heiße Luft – die evangelische Jugend geht wählen."

2. Die „EKD-Initiative 2000" versuchte für die Evangelische Kirche mit einer Plakataktion über mehrere Monate lang zu werben. Auf dem ersten Plakat wurde gefragt: „Woran denken Sie bei Ostern?" Im Stil eines Multiple-Choice-Verfahrens wurden vier mögliche Antworten angeboten, die man mit Ostern verbinden könne: a) mit Ferien, b) mit Cholesterin, c) mit Auferstehung Jesu, d) mit Langeweile in der Familie. Wer es nicht wisse oder unsicher sei, solle die Hotline der EKD anrufen, um gemeinsam mit der Kirche eine Antwort finden.

3. In Frankfurt am Main öffnete der City-Pfarrer in der heißen Sommerzeit 1998 die 250 Jahre alte Katharinen-Kirche für eine Agentur, die Laufstege in der Kirche aufbaute, damit Models bei Techno-Musik Reizwäsche um Mitternacht vorführen. Begründet wurde diese Aktion mit der Hoffnung, Techno-Fans und Anhänger einer nächtlichen Erlebniswelt könnten auf diese Weise wieder Zugang zur Kirche finden. Der City-Pfarrer war von seiner Kommunikationskampagne so sehr überzeugt, dass er der Agentur die Katharinen-Kirche kostenlos für drei Wochen überließ und selber in die Ferien nach Frankreich abreiste. Die in Frankfurt verbliebenen Kirchenvorsteher, die nur mangelhaft oder gar nicht von dieser Kampagne informiert waren, mussten sich alsbald einer ungeahnten Protestwelle aus der Bevölkerung stellen, die durch Berichte und Leserbriefe in der „FAZ" und „FR" veröffentlicht wurden. Die der Kirche Nahestehenden entsetzten sich über eine derart „missionarische" Kirche, während die umworbenen „Kirchendistanzierten" über solche Anbiederungsversuche der Kirche nur spotteten.

Der Frankfurter Kulturkritiker Peter Iden schrieb: „Wie immer, wenn Kirche sich derart in die Banalisierung vorwagt, wird als Motiv der ehrenwerte Gedanke der ‚Öffnung' bemüht. Man wolle Menschen gewinnen, die der Kirche fern stünden und nur durch den Appell an ihnen spezifische Dispositionen und Lüste aus diesem Abstand zu einer gewissen Annäherung verführt werden können." Was dabei aber verloren gehe, sei die Aufmerksamkeit für das „einzigartig Besondere, für das Kirche gegen alle Programme der Beliebigkeit in der Welt steht" (FR vom 23.7.98).

Ich könnte Beispiele dieser Art aus den zurückliegenden Jahren fast beliebig vermehren, aber es dürfte deutlich sein, welchem Gesetz sich die Kirche ausliefert, wenn Mission zur Werbung wird: Wer sich des Mediums der Werbesprache bedient, kann inhaltlich sagen, was er will; es bleibt Werbung und wird von den umworbenen Menschen in entsprechender Weise aufgenommen bzw. weggeworfen, nämlich in den Mülleimer, mit dessen Hilfe die tägliche Werbung entsorgt wird.

Es ist an der Zeit, dass die Frage gestellt wird: „Missionarische Gemeinde ja – aber wie?", jetzt aber so, dass wir zu den biblischen Quellen zurückgehen, um an drei Beispielen der Apostelgeschichte mitzuverfolgen, wie eine Kirche missionarisch wird, ohne in Werbung zu entarten.

Der Heilige Geist als Subjekt der Mission

Wenn Philippus auf die Strasse nach Gaza gehen soll, um einen Kämmerer zu treffen, beauftragt ihn zuvor der Engel des Herrn (Apg 8,26); wenn Saulus (Paulus) mit seinem Schnauben gegen die Christen gestoppt werden soll, „umleuchtet ihn plötzlich ein Licht vom Himmel und er hört eine Stimme" (9,3 f); wenn Petrus zu einem heidnischen Hauptmann gesandt wird, trifft ihn eine Stimme vom Himmel, die ihm befiehlt: „Steh auf, schlachte und iss!" (10,13). In einer nächtlichen Erscheinung wird Paulus gebeten: „Komm herüber nach Mazedonien und hilf uns!" (16,9).

Diese Beispiele zeigen einen Grundsatz christlicher Mission: Nichts geschieht aus menschlichem Vorsatz, alles ereignet sich in der Kraft des Heiligen Geistes, der den einen aufhält und den anderen sendet, wohin ER will. Mission in der Nachfolge Jesu ist kein menschliches Unternehmen, sondern eine Sendung des Heiligen Geistes, der mit einer so unwiderstehlichen Kraft am Werk ist, dass selbst die Apostel sich wundern müssen, was durch sie hindurch geschieht. Sie sind Gesandte und Getriebene und geben deshalb vor dem Hohen Rat zu Protokoll: „Wir können es ja nicht lassen, von dem zu reden, was wir gesehen und gehört haben" (4,20).

Die Bekehrung der Bekehrten

Zu welchen Ereignissen es kommen kann, wenn der Heilige Geist am Werk ist, wird beispielhaft an der Bekehrung des Saulus zum Paulus in Apg 9 wie an der Sendung des Petrus zu Kornelius in Apg 10 deutlich: Mit dem Christenverfolger Saulus hat der Heilige Geist vor Damaskus ein leichtes Spiel. Er wird durch ein helles Licht geblendet, das ihn für seine Vergangenheit erblinden lässt, und er bekommt die Stimme Jesu zu hören: „Saul, Saul, was verfolgst du mich?" Nun weiß Saulus nicht mehr weiter, er isst und trinkt nicht mehr und muss geführt werden. Aber mit Hananias, dem Jünger in Damaskus, zu dem Saulus geführt werden soll, hat es der Heilige Geist sehr viel schwerer, denn der will nicht glauben, dass aus dem Verfolger plötzlich ein Jünger Jesu geworden sein soll, der Hilfe durch andere Jünger braucht. Sehr apodiktisch muss ihm deshalb geboten werden: „Geh nur hin!"

Ähnlich ist es bei Kornelius und Petrus: Der heidnische Hauptmann bekommt eine Erscheinung, durch die ihm ein Engel befiehlt, er solle Männer nach Joppe senden und einen Mann mit Namen Simon Petrus zu sich holen lassen. Diesen Befehl führt der gottesfürchtige Heide auch umgehend aus.

Bei Petrus aber sieht die Sache schwieriger aus: Ihm widerfährt auch eine Erscheinung, die ihm „allerlei vierfüßige und kriechende Tiere" der Erde zeigt, welche er schlachten und essen soll. „O nein, Herr, denn ich habe noch nie etwas Verbotenes und Unreines gegessen", antwortet der fromme Jude Petrus. Also muss die Stimme des Heiligen Geistes ein zweites und ein drittes Mal an Petrus arbeiten: „Was Gott rein gemacht hat, das nenne du nicht unrein!" Ratlos steigt Petrus vom Dach des Hauses herunter und trifft auf die von Kornelius geschickten Männer an seiner Haustür. Jetzt beginnt er zu ahnen, dass Gott im Spiel ist. Eher widerwillig geht er mit und begreift nur langsam, dass er zum

Instrument des Heiligen Geistes berufen ist, der an einem heidnischen Hauptmann durch Menschen zur Wirkung kommen will.

Beide Beispiele zeigen, wie schwer es der Heilige Geist hat, Bekehrte wie Petrus oder Hananias erneut zu bekehren, damit sie sich in den Dienst der Mission des Heiligen Geistes begeben, um wahrzunehmen, was Gott an Saulus oder an Kornelius getan hat. Die Bekehrung der Bekehrten ist selbst für den Heiligen Geist schwer, wenn Bekehrte Gefangene ihrer Überzeugungen, ihrer Methoden, ihrer Vorstellungen oder Verbote werden und jeder von ihnen die Wirklichkeit nach der Weise wahrnimmt: „Und so schloss er messerscharf, das nicht sein kann, was nicht sein darf!" Mit dieser Devise werden sie blind für das, was Gott schon längst zugunsten der christlichen Gemeinde getan hat und immer wieder tun will. Stattdessen meinen sie, wenn nicht Mission nach ihren Methoden geschieht, kann eigentlich gar nichts Rechtes zustande kommen.

Mission als Einwandern in fremde Sprache

Ist Mission also eine Sache, die sich allen Methoden versagt? Das wäre eine falsche Alternative! An der Art, wie Paulus in jüdische Synagogen und auf antike Marktplätze, wie etwa dem Areopag mit dem Evangelium von Jesus Christus einwandert, werden wir das ausführlicher sehen. Die „Methode", mit der Paulus dem Wirken des Heiligen Geistes dient, sind sein Interesse, seine Aufgeschlossenheit und seine Liebe zu den Menschen und ihre Eigenart, mit der der Apostel in die Welt der Antike einwandert und die Auferstehung des Gekreuzigten verkündigt („den Juden zuerst und dann auch den Heiden"). Das geschieht durch Berufung und Sendung des Heiligen Geistes, welcher Menschen braucht, die aus der Freude am Evangelium wie aus der Liebe zu Menschen heraus in die Gedankenwelt und in die Sprache der Menschen einzuwandern vermögen.[3] Bekehren kann Paulus nur,

---

[3] Vgl. Christoph Demke, Verkündigung als Spracheroberung. Homiletische Aspekte in den Briefen des Paulus, WPKG 67, 1978, 174 ff.

weil er zuvor selbst durch Gott bekehrt wurde. Deshalb macht er sich nicht eigenmächtig auf den Weg, sondern bleibt Jesu Sendung auf der Spur: „Siehe, ich sende euch wie Schafe mitten unter die Wölfe. Darum seid klug wie die Schlangen und ohne Falsch wie die Tauben." (Mt 10,16)

Wo sind heute die Wölfe?

Wer sich von Jesus wie Schafe mitten unter die Wölfe senden lässt, wird sich jeweils neu fragen müssen: Wo sind denn heute die Wölfe, unter die wir gesandt werden? Können wir sie benennen, so dass sie uns in ihrer zerreißenden Gefahr vor Augen stehen?

Ich will den gefährlichen Schritt einer Konkretion riskieren, indem ich mich an Neil Postmans schon etwas betagten, aber m. E. nach wie vor aktuellen Bestseller erinnere: „Wir amüsieren uns zu Tode. Urteilsbildung im Zeitalter der Unterhaltungsindustrie", New York 1985. Diesem Buch folgte kurz darauf ein Vortrag Postmans zur Frankfurter Buchmesse 1992 „Wir informieren uns zu Tode".[4] Postman war einer der prominentesten Medienkritiker der USA, der die immanenten Gesetze der Medien wie kein anderer durchschaut und die daraus zwangsläufig hervorgehende Entwicklung der Menschheit im Medienzeitalter vorhergesehen hat. Bei ihm gingen mir die Augen für die Wölfe unserer Zeit auf.

„Wir amüsieren uns zu Tode"

Postmans These: „Problematisch am Fernsehen ist nicht, dass es uns unterhaltsame Themen präsentiert, problematisch ist, dass es jedes Thema als Unterhaltung präsentiert" (110). Das Entertainment sei die „Superideologie des gesamten Fernsehdiskurses". Postman verdeutlicht diese These zunächst an der Nachrichtensendung, an deren Ende die Sprecher oder Sprecherinnen

---

[4] DIE ZEIT, Nr. 41, 1992, 61 f.

dazu auffordern, bei den Tagesthemen in zwei Stunden wieder dabei zu sein. Postman fragt: „Wozu eigentlich? Man sollte meinen, dass einige Minuten, angefüllt mit Mord, Krieg und Unheil, Stoff genug für einen Monat schlafloser Nächte bieten. Aber wir nehmen die Einladung des Nachrichtensprechers trotzdem an, weil wir wissen, dass wir die Nachrichten nicht ernst zu nehmen brauchen, weil sie sozusagen nur zum Vergnügen da sind." Der ganze Aufbau einer Nachrichtensendung, das gute Aussehen und die Liebenswürdigkeit der Sprecherin, gelegentlich auch ein paar nette Scherze, die abwechslungsreichen Filmbeiträge – das alles erwecke den Eindruck: Das, was wir sehen, sei kein Grund zum Heulen. Die Nachrichtensendung sei in Wahrheit ein Rahmen für Entertainment und nicht für Bildung, Nachdenken oder Besinnung (110).

Postman will mit seinen Thesen und Beobachtungen nicht die Journalisten kritisieren. „Sie müssen der Richtung folgen, die ihnen ihr Medium vorzeichnet". Das Medium Fernsehen mit seinen bewegten Bildern sei deshalb auf Entertainment und Amüsement angelegt, weil eine möglichst hohe Zuschauerquote erreicht und unterhalten werden soll. Da muss es Schlag auf Schlag gehen, damit der Unterhaltungskitzel erhalten oder besser noch gesteigert wird. Die Sportreporter sind Vorreiter dieser Entwicklung, denen die Nachrichtensprecher langsam, aber unaufhaltsam folgen müssen. Wer heute etwa eine Tageschau von 1958 ansieht, kann sich das Lachen über so viel Ernsthaftigkeit und Steifheit kaum verkneifen. Unseren Enkelkindern wird es mit unserem Stand der Tagesschau heute nicht anders ergehen. Die Entwicklung läuft genau in die Richtung, die Postman angezeigt hat: „Wir amüsieren uns zu Tode".

„Wir informieren uns zu Tode" – das war die These, mit der Postman 10 Jahre später in einem Vortrag vor der Frankfurter Buchmesse an sein Buch anschloss. Die Information des Fernsehens wie der Zeitungen sei zu einer Art Abfall geworden. Sie treffe uns wahllos, richte sich an niemand Bestimmten und habe sich von jeglicher Nützlichkeit gelöst; wir würden von Information überschwemmt und wüssten nicht mehr, was wir mit ihr anfangen sollten, weil wir keine kohärente Vorstellung von uns selbst, von unserem Universum, von unserer Beziehung zueinander und zu unserer Welt besitzen. Wir wissen nicht mehr, woher wir kommen und wohin wir gehen. Wir verfügen über keinen kohärenten Rahmen, an dem wir uns orientieren könnten, was sinnvolle, nützliche oder relevante Information sei. Unsere Abwehrmechanismen gegen die Informationsschwemme seien zusammengebrochen. Das führe zu einem wachsenden Gefühl der Ohnmacht, wenn die Medien von einer Zerstörung der Ozonschicht, von Vernichtung der Regenwälder, von Klimakatastrophen, vom Krieg im Irak oder im Kaukasus berichten. „Wird nun von uns erwartet, dass wir selber etwas unternehmen? Die meisten können bei der Lösung solcher Probleme nicht aktiv werden". Und so wachse das Gefühl der Passivität und der Unfähigkeit. Daraus, dass man tausend Dinge kennt und weiß und nicht imstande sei, Einfluss auf sie zu nehmen, erwachse nach Postmans Eindruck ein eigenartiger Fatalismus. Schlimmer noch: Die meisten Menschen glaubten immer noch, Information und immer mehr Information sei das, was die Menschen am allermeisten benötigten.

In Wahrheit brauchten die Menschen heute mehr denn je eine „glaubwürdige Erzählung". Unter „Erzählung" versteht Postman eine story von der Geschichte der Menschheit, die der Vergangenheit Bedeutung zuschreibt, die Gegenwart erklärt und für die Zukunft Orientierung gibt. Die bedeutendsten Erzählungen dieser Art seien aus der Religion erwachsen wie etwa die von Schöpfung und Fall des Menschen oder die Erzählung der Bhagawadgita u. a.m. „Ohne Erzählungen von transzendentem Ursprung kann keine Kultur wirklich gedeihen und die Kraft entfalten, den Menschen beim Sichten und Einschätzen von Informationen zu helfen wie bei der Einschätzung darüber, welches Wissen ihnen noch fehlt". Überall auf der Welt seien Menschen bestrebt, eine solche Erzählung zu finden oder zu konstruieren. Man könne sich nur von Herzen wünschen, dass so etwas unter den Bedingungen von Informationsbesessenheit und Informationschaos gelingen möge.

Postman bricht an dieser Stelle seinen Vortrag vor der Frankfurter Buchmesse mit einer Mischung von Hoffnung und Skepsis ab, als wollte er seine Zuhörer dazu ermutigen, in ihrer Tradition nach einer Geschichte zu suchen, die ihnen Orientierung gibt, woher sie kommen, wo sie sich gegenwärtig befinden und wohin sie gehen.

Paulus in Athen

Ich will noch einmal zur Apostelgeschichte zurückkehren, um an dem Wirken des Apostels Paulus in Athen exemplarische Orientierung dafür zu finden, wie eine missionarische Kirche einer Amüsier- und Informationsgesellschaft begegnen kann. Athen sei, wie Lukas berichtet, eine Welt, die „nichts anderes im Sinn hatte als etwas Neues zu sagen oder zu hören" (17,21), also eine von Neugier getriebene Welt, in der die neuste Information von höchstem Unterhaltungswert ist. In diese Welt gerät Paulus eher zufällig, weil er in Athen auf die Ankunft seiner Mitbrüder Silas und Timotheus warten muss. Was er in dieser Wartezeit zu sehen bekommt, ist eine „Stadt voller Götzenbilder", die ihn, den vom Bilderverbot geprägten Juden, zur Zornesglut bringen, weil Bilder den Zugang zum wahren, unsichtbaren, ewigen Gott verstellen und die Menschen zu dem Wahn verführen, sie hätten etwas von Gott in der Hand.

Die Wartezeit füllt Paulus zunächst damit aus, dass er zu seinen Glaubensbrüdern in die Synagoge geht, um mit ihnen Gottesdienst zu feiern und den Zeitpunkt der Prophetenlesung zu ergreifen, um im Licht der Propheten die Weiterführung der Geschichte Israels in der Rettungsgeschichte des gekreuzigten und auferstandenen Christus zu erzählen. Dass und wie sich an dieser Erzählung die Geister schieden, ist aus einem ausführlichen Bericht des Lukas über den Besuch des Paulus in der Synagoge von Antiochia in Pisidien (Apg 13,13 – 43) bekannt. Paulus scheute den Streit nicht, auch auf dem Marktplatz der Athener nicht, als er wiederum die Geschichte von Jesus und seiner Auferstehung zu Markte trug und darüber mit Athener Philosophen in heftigen Streit geriet. Die aber wollen ihn nun öffentlich auf dem Redeforum des Areopag zerren und ihn dort vorführen, um ihn zum Spott ihrer Neugier zu machen, weil er scheinbar etwas Neues, bisher noch nicht Gehörtes zu sagen habe.

Doch sie haben sich in Paulus verrechnet, denn er versteht es, in ihre Welt der Neugier einzuwandern und sie dort abzuholen, wo in den Menschen eine tiefe religiöse Sehnsucht nach Gottesverehrung vorhanden ist, so dass sie selbst dem unbekannten Gott noch einen Altar bauen. Man kann ja nie wissen, ob man alle Götter im Himmel schon bedacht hat. Diese Unsicherheit greift Paulus auf, um die Athener über ihre Bilderwelt hinauszuführen zu dem größeren Gott Himmels und der Erde, in dem wir leben, weben und sind, und der jedem ganz nahe ist. Das weiß Paulus nun auch noch mit einem Zitat griechischer Dichter zu belegen: „Wir sind seines Geschlechts"! Und wenn das wahr ist, seien alle Gottesbilder einfach zu klein und zu wenig für die wahre Größe Gottes.

Die Hörer in Athen sind bis hier hin ein wenig staunend mitgegangen und haben sich vielleicht sogar gern an unbewusste religiöse Wahrheiten erinnern lassen, weil der Prediger an ihrer Seite stand und sie verstand, nicht aber sie plakativ anpredigte. Und doch wäre die Verkündigung von dem Gott, der Herr des Himmels und Erden ist, in dem wir leben, weben und sind, wie eine schöne, unverbindliche Wahrheit an ihnen vorbeigerauscht oder zumindest wie eine der vielen Informationen zur Religion von ihnen zur Kenntnis genommen worden, wenn Paulus ihnen den Bußruf erspart hätte, mit dem er das Gericht Gottes zur Sprache bringt und im Namen Gottes die Zeit des Glaubens ansagt, die mit der Auferweckung Jesu von den Toten angebrochen ist. Dieser Ruf zur Umkehr aber ist zu viel für ein in prinzipieller Unverbindlichkeit und absolutem Relativismus lebendes Athen, das sich gern unterhalten lässt und neue Informationen bekommt. Da aber, wo die Person mit ihrem unendlichen Drang nach Beliebigkeit in die Umkehr gerufen wird, um Teil der Erzählung von der Auferweckung eines Gekreuzigten zu werden, muss es zur Scheidung der Geister kommen. Deshalb heißt es nun: „Als sie von der Auferstehung der Toten hörten, begannen die einen zu spotten, die andern aber sprachen: Wir wollen dich ein andermal weiterhören. So ging Paulus von ihnen." (17,32 f)

Doch er ging nicht allein, denn von einigen Menschen wird berichtet, die sich ihm anschlossen und gläubig wurden, Dionysius, einer aus dem Rat, und eine Frau mit Namen Damaris und andere mit ihnen, wahrscheinlich eine sehr kleine Schar und doch eine Urgemeinde des Auferstandenen, in der nun die ersten Namen zu hören sind – Dionysius und Damaris –, weil dort, wo der Einzelne angesichts der Auferstehung der Toten in die Verantwortung vor Gottes Gericht gerufen wird, die Anonymität der Masse und der Neugiergesellschaft aufhört und der Einzelne mit Namen zu Tage tritt als ein Glied der Gemeinde Jesu Christi.

Ich habe diese Geschichte von Paulus in Athen im Anschluss an Neil Postmans Analyse der sich zu Tode amüsierenden und informierenden Welt so ausführlich nachgezeichnet, weil sie m. E. wesentliche Elemente zeigt, wie eine missionarische Kirche entsteht und immer wieder neu in Zeiten prinzipieller Unverbindlichkeit und absoluten Relativismus entstehen wird:

1. Eigentlich entsteht sie gar nicht nach einem Eroberungsplan, sondern eher zufällig, weil einer am Hafen von Athen auf seine Freunde tagelang warten muss und dabei Beobachtungen in der Stadt macht, die den heiligen Zorn in ihm erregen. Die Not des Wartenmüssens verwandelt sich bei Paulus in eine missionarische Gelegenheit, a) weil er zum Gottesdienst seiner jüdischen Glaubensbrüder geht und hier das Zeugnis von Christus nicht scheut; b) weil er die alltäglichen Erlebnisse auf dem Marktplatz mit der ihn selbst bewegenden Erzählung von dem auferstandenen Gekreuzigten ständig verknüpft und es dadurch zu provozierenden Marktgesprächen kommt, die die Menschen aufhorchen lassen.

2. Nicht überhebliche Besserwisserei, sondern zugewandtes Interesse für die religiöse Andersartigkeit des Anderen lässt missionarische Kirche entstehen. Paulus respektiert trotz seines Grimmes über die Götzenbilder die Gottesverehrung der Athener, ja, er solidarisiert sich mit ihnen bis zu einem gewissen Grade, indem er den Altar für den unbekannten Gott würdigt und bei griechischen Dichtern Anknüpfungspunkte für einen gemeinsamen größeren Gott zur Sprache bringt. Das ist das Gegenteil einer pseudomissionarischen Haltung, die sich in der Parole ausdrückt: „Wenn dein Gott tot ist, so nimm doch meinen: Jesus lebt!"

3. Die Erzählung vom auferstandenen Gekreuzigten bringt Paulus so zur Sprache, dass seine Hörer aus ihrer prinzipiellen

Beliebigkeit und ihrem absoluten Relativismus in die Kehre gerufen werden zum Glauben an den richtenden und rettenden Gott der Auferweckung in der Person Jesu. Da scheiden sich die Geister: Die einen spotten, andere behalten sich vor, ein andermal mehr zu hören. Nur wenige treten aus der Anonymität einer unbestimmten Welt in die Bestimmtheit der Nachfolge Jesu sogar mit ihrem Namen ein.

4. Lukas macht an Paulus in Athen modellhaft Jesu Sendungswort deutlich, wie ein Schaf, das ganz Ohr ist für die Stimme seines Hirten, unter die Wölfe der Neugier und der Spaßgesellschaft gerät, aber mit der Klugheit der Schlangen und ohne Falsch wie die Tauben den Weg einer missionarischen Kirche geht.

Vom Versinken in eine künstliche Welt

Einer missionarischen Gemeinde geht es nicht in erster Linie um Mitgliederwerbung. Es geht ihr darum, dass wieder Räume zum Hören und Zusammengehören für Menschen geschaffen werden, die nicht mit tausend Werbe- und Spaßparolen so sehr zugemüllt sind, dass sie nicht mehr hören können. Sie sind mehr und mehr in den Bann von Schlagzeilen, von Internet-Surfen, von e-mails, Chatrooms, Handys, Computerspielen und MP-3-Playern u. a. geraten, so dass sie in einer künstlichen Welt zu versinken drohen. Die Lehrer in den Schulen leiden zunehmend unter diesen neuen „Mit-Erziehern", wie auch Eltern, die oft kaum noch gehört werden, weil die Kinder in den Bann anderer Kräfte und Stimmen geraten sind. Schulen fangen an, sich gegen diese anderen Stimmen zu wehren. Zeitungen machen sich Gedanken über die Folgen dieser neuen Mächte.[5]

Unter der Überschrift („Macht Internet doof?) lässt der SPIEGEL eine Modedesignerin, Alter 21 Jahre, zu Wort kommen: „Ich werde richtig unruhig und frage mich die ganze Zeit, wer mir wohl eine

---

[5] Vgl. DIE ZEIT, Nr. 25, 12.6.2008 (Dossier); DER SPIEGEL 33, 2008, 80–88.

Nachricht geschrieben haben könnte". Sie kämpft sich endlich zu einem heroischen Entschluss durch und meldet sich von der Plattform MySpace ab. „Ich war richtig stolz auf mich". Doch nach nur wenigen Tagen war die Sucht nach dem Netzwerk größer, ein neuer Zugang zum Internetforum musste her. Als Grund ihrer Sucht nennt sie: „Man hat ständig Angst, etwas zu verpassen". Und so müssen Freunde auch weiterhin auf sie warten, wenn sie mit ihr verabredet sind. „Die Zeit verfliegt, wenn man in so einem Internetportal unterwegs ist".

„Das ist typisch für Internet-Surfen, dass das Gefühl für Zeit abhanden kommt, so dass der Surfer mehr und mehr in einem künstlichen Leben versinkt, in dem es so etwas wie Zeit gar nicht mehr gibt".

Von einem 16-jährigen Schüler wird exemplarisch berichtet, der der Sucht eines Computerspiels verfallen war und ein Jahr lang fast rund um die Uhr sieben Tage die Woche spielte: „Fly for fun". Er sackte alsbald in allen Schulleistungen ab, drohte sitzen zu bleiben und wurde endlich von der Schulpsychologin so weit von seiner Sucht befreit, dass er mit Ach und Krach die Versetzung schaffte. „Heute spielt er nur noch vier Stunden am Tag", so dass einige seiner Bekannten das Spiel inzwischen besser können als er. Er aber kontert: „Dafür bin ich aber im echten Leben (wieder) dabei" (84).

Das sind Beispiele von vielen ähnlichen Vorgängen, wie sie neuerdings in Zeitschriften geschildert werden. Doch was greife ich zu Beispielen aus Zeitschriften, wenn doch eine ähnliche und vielleicht viel bestürzendere Wirklichkeit vor der Haustür liegt! Vor einiger Zeit wollte ich an einem lauen, schönen Sommerabend im Fußgängerbereich eines kleinen Neckarstädtchens noch einen Spaziergang machen und irgendwo einkehren, etwa gegen 21 Uhr. Es war aber alles wie ausgestorben, kein Mensch zu sehen, viele Kneipen hatten geschlossen, oft mit dem Schild versehen: „Geschäftsaufgabe!" Ich fragte mich, wo denn hier die Menschen sind und schaute in dieses oder jenes Fenster hinein. Da lagen oder saßen sie, in einem fahlen, bläulich flimmernden Licht, wie leblos wirkend, lauter Fernsehzuschauer, die wie lebendige Leichen auf mich wirkten. Mir war, als ob ich über ein Leichenfeld ging, in dem alles Leben ausgestorben ist. Als ich dann auch noch im Schaukasten der Katholischen Kirche die Einladung zur Verabschiedung des Priesters las und dazu die Notiz „Wir wissen nicht, ob wir noch einmal einen Priester bekommen, und wie es überhaupt weitergehen soll mit unserer Kirche", da war mein Friedhofseindruck perfekt, und ich flüchtete zu meinem Auto, fuhr nach Hause und stellte die Tagesthemen an.

Was ich mit diesen Beispielen andeuten will, ist nicht etwa die Verteufelung von Computern, Handys, Fernsehen oder Tageszeitung. Wer sie verantwortlich und sinnvoll zu gebrauchen weiß, kann Gewinn von ihnen haben. Es geht mir um die sich häufenden Suchtphänomene, die darauf hinweisen, dass immer mehr Menschen, gerade auch junge Menschen, in einem künstlichen Leben versinken und dann für ihre Mitmenschen kaum noch zu erreichen sind, aber auch sich selbst fremd werden. Sucht zeigt ja in der Regel an, dass eine seelische Leere entstanden ist, die künstlich aufgefüllt werden muss. Seelische Leere entsteht, wenn das wirkliche Leben mir entschwindet oder mir zu anstrengend wird oder ganz einfach vernachlässigt, weil nicht mehr gepflegt und gefeiert wird. Dann drängt sich die Flucht in ein künstliches Leben auf. Aus dem Spaß wird dann ein Spaßprinzip, aus dem Amüsement ein „Wir amüsieren uns zu Tode", aus dem Interesse an Neuem eine NeuGIER, die zu Informationsbesessenheit mitsamt einer daraus folgenden Gleichgültigkeit treibt: „Wir informieren uns zu Tode".

Leben in Fülle

Und was hat das alles mit der Kirche zu tun? Im Zentrum der Kirche steht einer, der gesagt hat: „Ich bin gekommen, dass sie das Leben in Fülle haben!" Wenn nun aber dieses Leben in Fülle von immer mehr Menschen, die in ein Scheinleben abdriften, gar nicht mehr wahrgenommen werden kann, dann brennt's wirklich, und die Kirche ist es ihrem Herrn schuldig, missionarische Kirche zu werden, die für das Leben in Fülle streitet und um die ringt, die drauf und dran sind, in ein künstliches Leben zu versinken.

Wie aber kann so ein Streit für das Leben in Fülle praktisch aussehen? Ich kann auch an dieser Stelle nur exemplarisch bleiben und begnüge mich mit fünf Hinweisen:

1. Sprach ich im Zusammenhang der Apostelgeschichte von einer „Bekehrung der Bekehrten", so trifft das auch auf eine Kirche zu, die die Umkehr zum Leben immer wieder neu an sich selbst zu vollziehen hat, um für das „Leben in Fülle" eintreten und streiten zu können. Es ist ja keineswegs so, dass die Kirche das „Leben in Fülle" für sich gepachtet hätte. Sie kann auch, wie es in immer mehr evangelischen Gottesdiensten wahrzunehmen ist, dem Event- und Spaßprinzip so sehr verfallen, dass es auch hier faktisch nach der Weise geht: „Wir amüsieren uns zu Tode!". Der Pfarrer gleicht einem Entertainer, der Liturgie und Predigt nach der Weise gestaltet: „Locker vom Hocker, und heiter von der Leiter!" Dann hat eben jene alte Dame, die so sehr um das Leben ihres Sohnes bangt, tatsächlich recht: „In der evangelischen Kirche kann man doch heute alles sein: links, rechts, grün, rot oder schwarz, ökologisch oder ökumenisch" – dann seufzte sie und fügte noch hinzu: „nur nicht mühselig und beladen". Sie sucht offenbar nicht das Leben und die Freude nach dem Spaß-Prinzip, sondern wenigstens in der Kirche nach der Weise: „In dir ist Freude in allem Leide".

2. Manchmal kann es auch sein, dass sich das wirkliche Leben an ganz anderer Stelle ereignet als in der Kirche, z.B. bei der freiwilligen Feuerwehr, die den Jugendlichen eine Aufgabe gibt, etwas Reales wie einen Wasserschlauch zu handhaben oder Verantwortung übernehmen zu lernen. Ähnliches ist auch in einer Kirchengemeinde zu erleben, wenn ein Posaunenchor miteinander übt und Alt wie Jung ihre golden blitzenden Instrumente blasen und dabei von ihrer Aufgabe erfüllt sind. Zum wirklichen Leben gehören Herausforderung, Geselligkeit, Schweiß für eine Aufgabe vergießen, und dass ich von einer Aufgabe erfüllt werde: Es gibt Feste zu organisieren und zu feiern, die bis tief in die Nacht dauern können. Es gibt für sozial Schwache eine sog. „Tafel" zu decken, an der es für

wenig Geld viel zu essen gibt. Das ist ja auch die einzigartige Möglichkeit der Kirche am Ort, dass sie sich hier mit allen Menschen, Vereinen und Einrichtungen vernetzen kann, die das wirkliche, echte Leben gegen alle Verflüchtigungen ins künstliche, verstummte Medien-Leben stark machen. Wie schön ist es, wenn der Spaß eines Kerwe-Festes mit der tiefen Freude an Christus als der Fülle des Lebens verbunden bleibt, wie sie im Kirchweih-Gottesdienst gefeiert wird. Für katholische Gegenden ist dieser Zusammenhang von Kirchweihgottesdienst und Kerwe-Fest weithin noch selbstverständlich. In evangelischen Gegenden muss dieser Zusammenhang erst langsam wieder entdeckt werden.

3. Es ist nicht zufällig, dass sich der Missionsbefehl Jesu mit dem Taufbefehl in Mt 28 verbündet hat. Dass die Taufe eine missionarische Kraft zugunsten des wirklichen Lebens hat, wird deutlich, wenn sie ins Leben hineingezogen und also so häufig wie nur möglich erinnert wird, an Tauftagen z. B., oder beim Schulanfang, bei der Konfirmation oder in Krisenzeiten der Jugend, im Sterbeprozess und bei Beerdigungen. Allemal kommt es darauf an, dass ich im Licht der Taufe meiner Menschenwürde inne werde: „Fürchte dich nicht, ich hab dich erlöst, ich hab dich bei deinem Namen gerufen, mein bist du!" Luther fordert im Kleinen Katechismus, dass unser alter Adam ebenso wie die alte Eva täglich im Wasser der Taufe ersäuft werden, um heute trotz allem wieder neu mit dem Leben anzufangen, das mir von Christus als Leben in Fülle geschenkt worden ist. Es kommt bei Tauferinnerung darauf an, die Umkehr des Lebens immer neu zu vollziehen und bewusst zu machen, die in der Taufe geschehen ist.

4. Wie missionarische Kirche eine Gesellschaft kreativ unterbrechen kann, die am Rundfunk an ein unaufhörliches Plappern der Sprecher und Plätschern von Musik gewöhnt wird, demonstrierte ein anglikanischer Pfarrer bei seiner Morgenandacht in der BBC: Er schwieg einfach drei Minuten lang und sagte dann nur einen Satz: „Diese Stille schenkte Ihnen heute morgen die Anglikanische Kirche". Es wurde die meist diskutierte, weil provokativste Morgenandacht, die es seit langem in England gab.

Nun kann man diese Provokation freilich nicht ein zweites Mal wiederholen. Was man aber in den Gottesdiensten der Kirche wiederholen, ja zu einer ständigen Einrichtung in den Gottesdiensten machen kann, ist die Stille, die den Menschen im Alltag zu verloren gehen droht. Ich meine die Stille beim Eintritt in die Kirche vor dem Gottesdienst, die Stille, die die Lesungen der Heiligen Schrift in den Menschen weiterwirken lässt, die Stille nach einer Predigt, die Stille nach der Feier des Abendmahls und vor allem die Stille am Ende der Fürbitten, wo das, was den Menschen noch auf dem Herzen liegt, Gott gesagt werden kann. Natürlich muss solche Stille erst langsam mit der Gemeinde eingeübt werden. Sonst wird sie peinlich oder gar lähmend. Mich überrascht immer wieder, was junge Menschen, die aus Taizé wieder zurückkommen, mir antworten, wenn ich sie nach den eindrücklichsten Erlebnissen in jener französischen Kommunität frage: „Es ist die Stille in den Gottesdiensten von Taizé, die manchmal bis zu 10 oder gar 15 Minuten dauern kann." Die Stille ist es, die das verschüttete oder verstummte Leben in uns wieder auftauchen lässt. Sie ist gemeint, wenn es in dem Lied von Gerhard Tersteegen heißt: „Gott ist gegenwärtig, lasset uns anbeten und in Ehrfurcht vor ihn treten. Gott ist in der Mitte. Alles in uns schweige und sich innigst vor ihm beuge." (EG 165,1)

5. Erinnert sei an eine Einrichtung, die es früher auf den Dörfern beim Sterben eines Menschen gab: die Aussegnung im Hause und der gemeinsame Trauerzug durch das Dorf hinaus zum Friedhof. Ein Pfarrer, der den Menschen in seinem Dorf diese Möglichkeit vor einigen Jahren wieder anbot, war mitsamt seinem Kirchenvorstand erstaunt, dass 95 % der Gemeindeglieder davon gern Gebrauch machten, übrigens auch von einem Aussegnungsgottesdienst in der Kirche, in welcher der Sarg mit dem Toten aufgebahrt wird. Eine Beerdigung mit ihren 4 Stationen dauert nunmehr bei 2 Stunden oder gar mehr: 1. die Aussegnung am Hause mit anschließender Prozession durch das Dorf, begleitet vom Posaunenchor und abgeschirmt durch die Polizei, die die Hauptstrasse für 10–15 Minuten absperrt; 2. der Gottesdienst in der Kirche; 3. die Aussegnung am Grab und 4. der Leichenschmaus mit viel

Kaffee und Streuselkuchen, Wurstbroten und Getränken, damit die von der Trauer aufgezehrten Kräfte des Leibes und der Seele wieder gestärkt werden. Vor allem beim Trauerzug durch das Dorf wird eine Kirche sichtbar, die öffentlich bezeugt oder gar miteinander Luthers Lied singt: „Mitten wir im Leben sind mit dem Tod umfangen…". Missionarischer kann eine Kirche kaum sein, als wenn sie sichtbar der Verdrängung des Todes wehrt und in eine vom Spaßprinzip bestimmte Gesellschaft den Ernst des Lebens öffentlich zur Geltung bringt.

2. Die Gemeinde begnadigter Sünder[6]

Es gibt Kirchengemeinden, die sich auf eine zuweilen erschreckende Weise in einem Eigenleben gefangen haben, aus dem sie sich nur schwer befreien können. Vielleicht befindet sich die Gemeinde unter der Parole „Spiritualität!" auf einem Heiligungstrip, mit dem sie immer vollkommener zu werden versucht. Vielleicht hat sich unter der Parole „Gemeinschaft!" auch ein Wir-Gefühl eingestellt, das sich nach allen Seiten zwar offen wähnt, in Wahrheit aber längst nicht mehr offen ist für den Anderen oder das Andere, die in die Gemeinschaft nicht hineinpassen wollen. So ein Wir-Gefühl kann sich auch sehr liberal geben, und dennoch in Denkmustern gefangen sein, die erst der Außenstehende richtig zu spüren bekommt.

Was ist zu tun? Appelle zur Offenheit helfen wenig, wenn sich Menschen offen wähnen nach allen Seiten. Aufrufe zu mehr Spiritualität bewirken wenig, wenn „Spiritualität" bei näherem Hinsehen nur Selbstheiligung bedeutet, die immer verschlossener macht. Der Selbstgerechtigkeit ist in der Tiefe wohl nur beizukommen durch eine reformatorische Sündenerkenntnis, die darin befreiend ist, dass sie mich für eine Gnade öffnet, die ich gar nicht verdient habe. Sie lässt mich in meiner Zerrissenheit einen begnadigten Sünder im Angesicht Christi sein, der sich

---

[6] Überarbeitete Fassung eines Vortrags über reformatorische Spiritualität in Nürnberg am 28.5.2008.

selbst nicht mehr genug ist, sondern in Solidarität mit allen, die in sich zwischen Selbstsucht und Selbstflucht zerrissen sind, nach der Gemeinde begnadigter Sünder suchen. Wie befreiend reformatorische Sündenerkenntnis zur inneren Öffnung des Menschen, ja einer ganzen Gemeinde sein kann, soll an drei Beispielen aus Luthers Seelsorge deutlich werden.

„Pecca fortiter!" (Sündige tapfer)

Das „pecca fortiter!" gehört zu den bekanntesten Worten Martin Luthers. Seltener aber ist bekannt, in welcher Situation dieses Wort entstanden ist, und was es in diesem Zusammenhang bedeutet. Es hat sich verselbständigt und den Beigeschmack von Beliebigkeit, Laxheit, kräftiger Verfehlung bekommen: „Hau mal kräftig auf die Pauke, lass mal fünf gerade sein, fahr mal bei rot über die Ampel, iss heute mal ein Schnitzel mehr!" So ist das mit den Worten, die aus dem Zusammenhang gerissen werden und sich verselbständigt haben: Sie werden beliebig auslegbar, wie es ja auch mit Worten der Bibel möglich ist, etwa so: „Judas ging hin und erhängte sich. … Und Jesus sprach: Geht hin und tut des gleichen!" Zitatenmontage führt in die Irre. Fragt man nach dem Ursprung des „pecca fortiter!", muss die Situation erkundet werden, in die Luthers Brief vom 1. August 1521 gehört.

In die Schutzhaft Luthers auf der Wartburg kamen aus Wittenberg immer betrüblichere Nachrichten: Übereifrige Anhänger Luthers wollten die Reformation gegen alle vorantreiben, die noch an dem alten Glauben hingen. Die Ungeduld der Starken gegenüber den Schwachen und der Widerwille der Schwachen gegenüber den Starken wuchsen von Tag zu Tag. Philipp Melanchthon versuchte in Wittenberg auszugleichen, aber scheiterte zunehmend mit seinen Vermittlungsbemühungen. Hilfe suchend wandte er sich mit einem Brief an Luther und begehrte dessen Ratschlag. Luther spürte die Hilflosigkeit Melanchthons, die ihren Grund vor allem in dessen Angst zu haben schien, einen Fehler zu machen. So schrieb ihm Luther am 1. August 1521: „Wenn du ein Prediger der Gnade bist, so predige keine erdichtete, sondern wahre Gnade. Wenn es wahre Gnade ist, soll sie die wahre und nicht erdichtete Sünde heilen. Gott macht nicht erdichtete, sondern wahre Sünder heil. Sei doch ein Sünder und sündige tapfer, aber glaube noch tapferer und freu dich in Christus, der ein Sieger über die Sünde, den Tod und die Welt ist. Bete tapfer, auch als der tapferste Sünder".[7]

Natürlich schrieb Luther diese Sätze lateinisch, wie man es unter Gelehrten zu tun pflegte. Mit seinen Briefzeilen wollte Luther erreichen, dass Melanchthon in Wittenberg aus seiner unentschiedenen, möglichst fehlerfreien, stets vermittelnden Position heraus kommt, mit der er alles irgendwie zu steuern versucht, um in Wahrheit alles nur immer schlimmer zu machen. Stattdessen soll Melanchthon sich Christus in die Arme werfen, selbst um den Preis, dass er Fehler macht. Mitsamt seinen Fehlern wird er auch Christi Gnade erfahren und die Wahrheit seiner Verheißung: „Ohne mich könnt ihr nichts tun!" Sicherlich kannte Melanchthon diesen Satz aus Joh 15,5. Er kannte ihn aber offenbar nur wie ein biblisches Zitat, nicht aber als eine Wahrheit, die gerade dann zu leben ist, wenn's hart auf hart kommt.

Wenn Luther in diese Situation hinein schreibt: „Sei ein Sünder und sündige tapfer!" (Esto peccator et pecca fortiter), so heißt das der Sache nach: Gib zu, dass du nicht mehr weiter weißt. Werde ein wahrer Sünder, der sich kräftig verfehlen kann, aber mit diesen Verfehlungen zu Christus flüchtet und sich an dem freut, der ein Sieger ist über Sünde, Tod und Welt und der wahre Steuermann deines Lebens sein will. Rufe IHN im Gebet an als der kräftigste Sünder, dann wird ER mit seiner Gnade die Mitte deiner Existenz in allem, was du tust. Nun wird alles, was du tust, gut, selbst deine Fehler bekommen dann noch einen Sinn. Mit deinem erdichteten Christus, deiner erdichteten Sünde und deiner erdichteten Gnade aber wird alles sinn- und heillos.

---

[7] WABr 2,372,82 – 85; Nr. 424.

„Christus wohnt unter Sündern"

Am 8. April 1516 fragte Luther seinen Ordensbruder Spenlein im Kloster von Memmingen brieflich[8] an, wie es eigentlich um seine Seele stehe, ob sie nicht endlich, ihrer eigenen Gerechtigkeit überdrüssig, lerne, „in Christi Gerechtigkeit aufzuatmen und auf sie zu vertrauen". Um deutlich zu machen, wie er zu dieser Frage kommt und in welchem Zusammenhang er sie stellt, fährt Luther fort: „Denn heutzutage brennt die Versuchung der Vermessenheit in vielen Menschen und in denen besonders, die mit allen Kräften gerecht und gut sein wollen. Sie kennen die Gerechtigkeit Gottes nicht, die uns in Christus so überreichlich und umsonst geschenkt ist. Stattdessen suchen sie in sich selber so lange Gutes zu tun, bis sie die Zuversicht haben, vor Gott bestehen zu können, als wären sie geschmückt von ihren Tugenden und Verdiensten, was doch unmöglich sein kann. Du lebtest hier bei uns (erg. im Wittenberger Kloster) auch in dieser Meinung, oder besser: in diesem Irrtum. Auch ich bin in diesem Irrtum gewesen, ja, noch jetzt kämpfe ich gegen diesen Wahn und habe noch lange nicht ausgekämpft".

Wie aktuell diese Briefzeilen sind, wird deutlich, wenn man das kleine Wörtlein „gerecht" in Luthers Brief durch „spirituell" ersetzt: „Heutzutage brennt die Versuchung der Vermessenheit in vielen Menschen und in denen besonders, die mit allen Kräften spirituell sein wollen." Kann nicht die heute so weit verbreitete Suche nach Spiritualität zu ungeahnten Anstrengungen führen, die in Wahrheit Ausdruck einer subtilen, gar nicht einmal bewussten Vermessenheit sind, ein besonderer, ein spiritueller Mensch zu werden, der in Selbstheiligung auf den Pfaden eines Dalai Lama, eines Willigis Jäger oder wenigstens auf den Spuren von Anselm Grün und seinen schönen Büchern wandelt? Wie nahe dieser Wahn liegt, aus eigenen Kräften heraus ein spiritueller oder wenigstens ein guter Mensch zu werden, weiß Luther aus eigener Klostererfahrung: „Noch jetzt kämpfe ich gegen diesen Wahn und habe noch lange nicht ausgekämpft." Offenbar sitzt in jedem Menschen eine subtile Vermessenheit, ein besonderes, höheres, vergeistigtes, spirituelles Wesen zu werden und dafür keine Anstrengungen zu scheuen. Mit dieser

---

[8] WABr 1,33 – 36; Nr. 11 (vgl. Insel VI,13 – 15).

Vermessenheit hat nicht nur Luther oder Spenlein zu kämpfen, sondern im Grunde jeder Mensch bis ans Ende seiner Tage.

Wie ist gegen diese Vermessenheit anzugehen? Luther gibt seinem Ordensbruder auch Wege zu einer reformatorischen Spiritualität zu erkennen:

> „Darum, mein lieber Bruder, lerne Christus, und zwar den gekreuzigten; lerne ihm singen und in der Verzweiflung an Dir selbst zu ihm sagen: Du Herr Jesus, bist meine Gerechtigkeit, ich aber bin Deine Sünde. Du hast auf dich genommen, was mein ist, und mir geschenkt, was dein ist. Du hast auf dich genommen, was du nicht warst, und mir geschenkt, was ich nicht war."

Reformatorischen Spiritualität ist christuszentriert und führt zu einer Interaktion zwischen dem gekreuzigten Christus und dem an sich selbst verzweifelnden Sünder. Diese Interaktion kann etwa die Gestalt des Singens annehmen, weil Singen eine doppelt starke Weise des Betens ist (bis orat, qui cantat: „doppelt betet, wer singt"); zum anderen ist dieses Singen von einem Sagen erfüllt, in dem sich ein fröhlicher Wechsel zwischen Christus und dem Sünder ereignet: „Du, Herr Jesus, bist meine Gerechtigkeit, ich aber bin deine Sünde." Das Singen wird zu einem prägenden Erkennungsmerkmal reformatorischer Spiritualität: „Wenn sie es nicht singen, so gläuben sie es nicht" (Luther). Ein Sagen, das nicht ins Singen führt, berührt die menschliche Seele nicht, sondern nur den Kopf. Wie geistlich oder wie geistlos eine Theologie ist, lässt sich daran erkennen, ob sie ins Singen führt oder wenigstens eine Affinität zum Singen hat. Freilich, auch das Singen an sich macht es noch nicht, sondern kann auch das sein, was Luther im Rückblick auf seine klösterliche Vergangenheit das „Anblöken der Wände" nennt. Erst der Zusammenhang von Singen und Sagen („davon ich singen und sagen will") macht ein prägendes Erkennungsmerkmal reformatorischer Spiritualität aus, weil es zur inhaltlichen Interaktion, dem fröhlichen Tausch zwischen Christus und dem Sünder führt.[9]

---

[9] Vgl. Christa Reich, Evangelium: klingendes Wort. Zur theologischen Bedeutung des Singens, Stuttgart 1997.

Luther fügt für seinen Klosterbruder noch eine Warnung hinzu:

> „Sei auf der Hut, dass du nicht eines Tages zu solcher Reinheit strebst, dass du dir gar nicht als Sünder vorkommen, ja, gar keiner mehr sein willst. Christus aber wohnt nur unter Sündern / in Sündern. Darum ist er doch vom Himmel herabgestiegen, wo er unter Gerechten wohnte, damit er auch unter Sündern wohne. Dieser seiner Liebe sinne immer wieder nach, und Du wirst seinen allersüßesten Trost erfahren. Denn wenn wir durch unser eigenes Sorgen und Grämen zur Ruhe des Gewissens gelangen müssten – wozu wäre er dann gestorben? Darum wirst Du nur in ihm durch getroste Verzweiflung an Dir und Deinen Werken Frieden finden und dazu von ihm selber lernen, dass er, wie er Dich angenommen und Deine Sünden zu den seinen gemacht hat, so auch seine Gerechtigkeit zu der Deinen gemacht hat." (14)

Wieder wird deutlich, welch hohen Stellenwert Luther der Sündenerkenntnis einräumt. Sündenvergessene Spiritualität ist nur eine andere Form des Selbstbetrugs, der sich freilich fromm und rigoros gebärden kann. Dann entsteht Reinheit der Lebensform, mit der Christus geradezu überflüssig gemacht wird. Er ist ja vom Himmel gekommen, um Sünder selig zu machen. Sündenerkenntnis ist freilich ohne Christuserkenntnis unmöglich, wie umgekehrt auch Christuserkenntnis ohne Sündenerkenntnis nicht möglich ist. Christuserkenntnis, die nicht zur Sündenerkenntnis führt, wird todrichtig und nichtssagend. Sündenerkenntnis ohne Christuserkenntnis wird moralistisch und zerknirschend. Recht verstanden setzt eines das andere frei und erwächst aus gegenseitiger Beziehung. Ich kann meine Sünden gar nicht an mir selbst wahrnehmen, ist doch die Sünde wie ein Virus, der sich unerkannt bei mir festsetzt und mich langsam zur Strecke bringt. Nur an Christus kann ich meine Sünde wahrnehmen, wenn er sie nach dem fröhlichen Tausch für mich trägt und am Kreuz für mich bittet: „Vater, vergib ihm, denn auch er weiß nicht, was er tut!" Also kann ich mich nur im Blick auf den Gekreuzigten als Sünder erkennen und bekennen. Das macht mich behutsam im Umgang mit mir selbst, muss ich doch in einer Verdrehung von Wollen und Tun mein Leben führen: „Das Gute, das ich will, das tue ich nicht, sondern das Böse, das ich nicht will, das tue ich." (Röm 7,19) Landläufig geht einem diese Perversität zuweilen auf, wenn man sich eingestehen muss: Ich meinte es so gut, aber dann wurde es gar nicht gut. Wer mit dieser Verdrehung seines Tuns nicht rechnet, ist naiv und sitzt einem Selbstbetrug auf. Ich werde Christus in einer sündenvergessenen Spiritualität niemals finden, so sehr ich mich auch anstrenge. Davor will Luther seinen Ordensbruder warnen.

Schließlich fügt Luther noch hinzu: „Nimm auch Du die ungehorsamen und noch irrenden Brüder an und ertrage sie geduldig und mach aus ihren Sünden Deine eigenen." Den Tausch, den Christus mit dem Sünder vollzieht, gilt es mit dem Bruder fortzusetzen, gerade auch mit dem irrenden, ungehorsamen, schwierigen Bruder. Zu reformatorischer Spiritualität gehört also die Gemeinschaft der begnadigten Sünder, die durch Christus geheiligt werden. Ihre geschenkte Heiligkeit haben sie nicht für sich, sondern füreinander in gegenseitiger Fürbitte, Fürsorge und Fürsprache. Überheblichkeit, Dünkel, Besserwisserei, ängstliche oder hochmütiger Rückzug in die Selbstgenügsamkeit sind ausgeschlossen. Wo man um die eigene Sünde weiß, geschieht wie von selbst Barmherzigkeit miteinander. Es ist wie bei denen, die schon die Steine in der Hand hatten, um die Ehebrecherin zu steinigen. Als sie aber von Jesus auf ihre Sünde angesprochen wurden: „Wer von euch ohne Sünde ist, der werfe den ersten Stein auf sie" (Joh 8,7), ließen sie ihre Steine fallen und gingen nachdenklich ihrer Wege. Genaue, situations- und sachgemäße Rede von der Sünde ist befreiend und macht barmherzig, weil der Sünder ja selbst ein Empfänger der Barmherzigkeit Christi ist. Fehlt der Spiritualität aber die Dimension der Sünde, wird sie überheblich, weil sie sich in strahlender Heiligkeit vervollkommnet. Eine derart vollkommene Heiligkeit wirft Schatten auf den Zöllner, der angesichts so strahlender Vollkommenheit nur noch rufen kann: „Herr, sei mir armen Sünder gnädig."

„magnificare peccatum" (Die Sünde groß machen)

Es gibt Menschen, denen es in ihrer Schwermut die Sprache verschlagen hat, wie z. B. Georg Spalatin, Superintendent in Altenburg und ehemals einer der engsten Mitarbeiter Luthers. Er ist so sehr geplagt und gelähmt von seiner Schwermut, dass sich seine Frau 1544 an Luther um Hilfe wendet. Der Brief, den Luther an Spalatin schrieb, ist m. E. ein Musterbeispiel reformatorischer Spiritualität:

> Wie mir scheint, mein lieber Spalatin, seid ihr im Kampf gegen Sünde, gegen Gewissensqualen oder die Anklage des Gesetzes nicht erfahren, oder der Satan hat euch aus den Augen und aus dem Gedächtnis allen Trost gerückt, den ihr je in der Schrift gelesen habt. ... O, ihr werdet bisher ein allzu zärtlicher Sünder gewesen sein, der sich allein über geringfügige Sündlein ein Gewissen gemacht hat. Derhalben ist meine treue Bitte und Vermahnung, Ihr wollet euch gesellen zu uns großen und hartgesottenen Sündern, damit ihr uns Christum ja nicht klein und gering macht als den, der allein von erdichteten, kindischen Sünden helfen könnte. Nein, nein, das wäre nicht gut für uns, sondern er ist von Gott zum Heiland gesetzt als der, der allein erlösen kann und will, auch von rechten, großen, schweren, verdammten Übertretungen und Missetaten, so die größten, ärgsten und in summa alle Sünden auf Erden begangen haben. Auf diese Weise tröstete mich Dr. Staupitz, da auch ich einmal eben in diesem Spital und gleicher Anfechtung, wie Ihr jetzt, krank lag, und wie ich denke, auch vor großem Leid und Traurigkeit gestorben, wo er nicht tröstlich zu mir gesprochen hätte. Ei, sagte er, ihr wollt ein erdichteter, ja, gemalter Sünder sein und derhalben nur einen erdichteten, gemalten Heiland haben. Ihr müsst euch recht in die Sache schicken und euch gewöhnen, dass Christus euer wahrer Heiland ist und ihr ein wahrer, großer, verdammter Sünder seid. Gott scherzt nicht, gehet auch nicht mit erdichteten Dingen um, wenn er uns seinen Sohn schickt und ihn für uns dahingibt.[10]

Was Luther hier mit Spalatin tut, ist ein magnificare peccatum: Die Sünde gegen ihren Sog, sich möglichst klein zu machen, um so den Menschen zu zerstören, macht Luther sie im Angesicht

---

[10] WABr 10, 638 – 641; 640.

Christi groß, damit der Mensch klagen kann: „Ich armer, elender Mensch, wer rettet mich" (Röm 7,24). In dieser Klage bahnt sich Rettung an: „Dank für unseren Herrn Jesus Christus". Im Grunde ist dieses magnificare peccatum von gleicher Art, wie es Luther auch mit Melanchthon übte: „Pecca fortiter!" So fordert er auch den schwermütigen Spalatin dazu auf, in die Gemeinschaft der großen, hartnäckigen Sünder zu kommen, um hier das einzige Heilmittel zu empfangen, was es gegen die krank machende Kraft der Sünde gibt: Der Zuspruch der Vergebung, der nicht aus mir, sondern von außen kommt.

Zusammenfassung

Was macht die Eigenart einer Gemeinde begnadigter Sünde aus:

1. Gemeinde begnadigter Sünder ist christuszentrierte Kirche, d. h. sie lebt und gestaltet sich von der Konzentration auf den gekreuzigten und auferstandenen Gott, der durch sein Wort in vielfacher Weise die Seele des Menschen erfasst.

2. In der Konzentration auf Christus kann eine Gemeinde begnadigter Sünder mit ihrer Sünde umgehen, indem sie die Sünde des Menschen als seine „Krankheit zum Tode" groß macht und sie aus ihrer tödlich wirkenden Verborgenheit ins helle Licht der Gnade holt. Nun kann ein Mensch an seiner Sünde sogar wachsen.

3. Die mittelalterliche Angst vor der Beichte wich bei Luther einer Freude an der Beichte. Beichte hieß nun, zu seiner Sünde im Angesicht der Gnade Christi stehen und sie bekennen können, um sie in der Absolution vergeben zu bekommen. Diese Freude an der Beichte als Zusage der Vergebung gilt es in einer Kirche begnadigter Sünder heute wieder zu entdecken: Im geschwisterlichen Gespräch, auf dem Weg zum Abendmahl, im seelsorglichen Einzelgespräch, in der anonymen Selbsthilfegruppe usw.

4. Die Flucht vor dem Alltag in alle besonderen, intensiven Formen der Frömmigkeit außerhalb des Alltags wie z. B. Klosterleben, Wallfahrten, Pilgern etc. verwandelt sich bei Luther in eine neue Freude an allen einfachen, nächstliegen-

den, alltäglichen Formen der Spiritualität wie z. B. der Freude an Kindern und Familie, der gemeinsamen Hausmusik, der Gemeinde am Ort, dem Gottesdienst in der versammelten wie der im Alltag verstreuten Gemeinde, dem Beruf als dem Ort, wohin mich Gott gerufen und gestellt hat. In reformatorischer Spiritualität gilt es, diese Freude am Alltäglichen wieder zu entdecken, um Gott in „tiefer Diesseitigkeit" (D. Bonhoeffer) zu begegnen und Gott für jeden erlebten Tag zu danken. Das schließt intensive Formen der Frömmigkeit außerhalb des Alltags wie z. B. Pilgern, Wallfahrten, klösterliche Einkehr etc. nicht um jeden Preis aus, weil eine Unterbrechung des Alltags heilsam sein kann, wenn nur die Erkenntnis vor Augen bleibt, dass alle gesteigerte Spiritualität auch gesteigerte Versuchungen zur Überheblichkeit mit sich bringen, wie Jesu Gleichnis von Pharisäer und Zöllner zeigt.[11]

3. Kirchenbau für die Gemeinschaft der Heiligen[12]

„Lasst die Kirche im Dorf!" – dieser Aufforderung ist wohl am leichtesten in Dörfern oder Städten zu folgen, die eine schöne, alte, repräsentative Kirche haben, eine Kirche vielleicht, die zum Wahrzeichen des Ortes geworden ist und sich daraus nicht mehr wegdenken lässt. Wie leicht kann in solchen Kirchen das Wohnen des Glaubens sein! Wie können selbst zerstrittene Gemeinde durch ihre Kirche dennoch zusammengehalten und über die Zeiten hinweg bewahrt werden. Es ist, als ob die alte Kirche mit ihrer „Predigt der Steine"[13] zu verstehen gibt: „Euch überstehe ich auch noch!"

Und doch kann aus dem Wohnen des Glaubens eine dumpfe

---

[11] Vgl. ausführlicher Christian Möller, Der heilsame Riss. Impulse reformatorischer Spiritualität; Stuttgart 2003; ders. Leidenschaft für den Alltag. Impulse reformatorischer Spiritualität, Stuttgart 2006.

[12] Vortrag zum 700-jährigen Jubiläum der Stadtkirche Friedberg am 16.4.2007.

[13] Vgl. Ch. Möller, Die Predigt der Steine. Zur Ästhetik der Kirche, in: J. Seim, L. Steiger (Hg.), Lobet Gott. Beiträge zur theologischen Ästhetik (Festschrift für R. Bohren zum 70. Geb.), München 1990, 171–178.

Gewohnheit in klammen Kirchen werden, wie auch Schätze, die am hellen Tag liegen, für müde Augen wie verdeckt, ja vergraben bleiben. Dann sind es vielleicht Kirchweihfeste oder Jubiläen, die Anlass dafür geben, dass einer Gemeinde ihre alte Kirche wieder neu vor Augen geführt wird und sie mit neuen Augen ihre Schätze zu sehen beginnt, weil man nur sieht, was man weiß oder neu erkannt hat. In diesem Sinn soll jetzt exemplarisch eine 700 Jahre alte Kirche mit ihrer Geschichte neu zu sprechen beginnen und den Blick für die Gemeinschaft der Heiligen öffnen, die darin Raum fand und findet. Der Blick soll für den Zusammenhang von Kult und Kultur geschärft werden, mit dem Kirche und Stadt aufeinander bezogen sind.

Als am 26. Juni des Jahres 1306 (am Sonntag nach Pfingsten) der Hochaltar der neuen Pfarrkirche zu Friedberg durch den Bischof Sigfried von Chur in Gegenwart der deutschen Königin Elisabeth, ihrer Tochter und der Herzöge von Sachsen und Österreich geweiht wurde, befand sich die Katholische Kirche auf einem Höhepunkt ihrer Machtentfaltung, wie sie ihn vielleicht nie vorher und nachher wieder erreicht hat. Im 4. Laterankonzil von 1215 waren die Laienbewegungen der Katharer und Albigenser, die von Südfrankreich aus eine Reform des katholischen Glaubens anstrebten, endgültig abgeschmettert worden. Es kam nun zu einer tiefen Sakramentsfrömmigkeit, in deren Mittelpunkt die Verehrung der vom Priester erhobenen Hostie stand. Die Beichte wurde für jeden Katholiken einmal im Jahr, möglichst in der Zeit vor Ostern, zur Pflicht gemacht. Die Reliquienfrömmigkeit nahm immer mehr zu. Die Lehre vom Fegefeuer griff im Volke um sich, wonach es möglich sei, dass Verstorbene nicht sofort der höllischen Verdammnis anheim fallen, sondern zunächst ein reinigendes Feuer, ein Purgatorium, durchschreiten müssen, aus dem sie trotz allem noch gerettet werden können, wenn sie durch Fürbitten von Lebenden dabei unterstützt werden. Reliquienglaube, Hostienverehrung, Seelenmessen – das und vieles andere wurde nun im 13. Jh. theologisch begründet und überhöht durch die Summa theologica des Thomas von Aquin, des Doctor Angelicus, wie er bis heute in der katholischen Kirche genannt wird, der auf eine scharfsinnige Weise den katholischen Glauben bis

Abb. 2: Die Innenansicht der Kirche von Friedberg. © Dipl.-Ing. Ernst Götz.

zur Perfektion durchformulierte und auch die theologischen Grundlagen zur Lehre von der Unfehlbarkeit des Papstes bereits legte. Die Katholische Kirche war nun sowohl im Raum der Wissenschaft wie im Volk so stark verankert und so mächtig, dass sie sich nicht mehr in romanische Kirchen zurückziehen musste, die ja eher einer festen Burg gleichen und einem Schutzbedürfnis des Glaubens nachkommen. Die Machtentfaltung der Katholischen Kirche und das tief im Volk verankerte Frömmigkeitsstreben konnte nun auf eine neue Form des Kirchenbaus zugehen, die sich von Paris (St. Denis) über ganz Frankreich und

England bis nach Deutschland im 12. und 13. Jh. ausgebreitet hatte: die Gotik. Ihre Eigenart besteht darin, dass sich die Kirche in ihrem Bau nicht mehr nach außen abschirmt, sondern hoch zum Himmel strebt, wobei große, freistehende Stützpfeiler ein Gewölbe tragen, das wie ein Himmel hoch über den Menschen schwebt und sie gleichsam zum Himmel emporhebt. Eine neue Bautechnik machte es möglich, dass die Wände frei werden für große Glasfenster, in denen sich das Licht in farbig gestalteten Fenstern bricht und in den Säulen eine ganz eigenartige, wunderbare Lichterfahrung zur Erscheinung kommt, als leuchteten die Säulen selbst.

Für die Marburger Elisabethkirche, die ja ein halbes Jahrhundert vor der Friedberger Stadtkirche gebaut wurde und in mancher Hinsicht auch ein Vorbild für die Friedberger Kirche wurde, formulierte es der ehemalige Pfarrer dieser Kirche, Eberhard Leppin, in seinem Buch über die Elisabethkirche so:

> Eine Kirche soll … ein Dokument, ja eine Selbstdarstellung der ewigen Bestimmung des Menschen sein, in deren Wahrheit jeder schon leibhaftig eintritt, sobald er in die Kirche hineingeht. Innen völlig spürbar wird das an dem durch die farbigen Glasfenster in geheimnisvolles Leuchten verwandelten Licht: Der Gott, der in einem Licht wohnt, da niemand zukommen kann (1.Tim 6,16), verhüllt und offenbart sich zugleich in dem von ihm geschaffenen und ausgehenden Licht. Das Licht selbst aber wird durch die Glasmalereien der Fenster zugleich verhüllt und, indem es durch heilige Szenen und Gestalten hindurch scheint, in seinem göttlichen Glanz offenbar gemacht. Indem aber das Mauerwerk durch Glas ersetzt ist, durch eine Materie also, die das Licht hindurchscheinen lässt, wird sichtbar: Das göttliche Licht durchdringt die Wirklichkeit der Welt; alles Wirkliche ist durchscheinend für das Ewige; die ganze Welt ein Gleichnis Gottes. Und wie die Glasmalereien erst durch das Licht zur Wirkung kommen, so kommt die ganze Welt zur Wirklichkeit durch die Gegenwart Gottes, die sich im Licht verhüllt zeigt.

Das Eigentümliche der gotischen Kirche besteht also darin, dass sie den Menschen an einer Lichterfahrung teilhaben lässt, die ihn in einen Prozess der Verwandlung hineinzieht, und ihm so einen Vorgeschmack des himmlischen Jerusalem gibt. Nicht nur Brot und Wein werden zu Leib und Blut Jesu Christi verwandelt, nicht nur menschliches Wort in der Kraft des Heiligen Geistes zu göttlichem Wort, nicht nur irdische Musik in himmlische Musik, sondern aus dem Dunkel und den Wirren dieses Lebens kommend soll der Mensch durch die gotische Kirche und ihre lichtvolle Gestalt in das ewige Licht des himmlischen Jerusalem getaucht, erleuchtet, verwandelt und geklärt werden, um so in die Zwielichtigkeiten und Widersprüche des alltäglichen Lebens erneuert und verwandelt zurückgehen zu können.

Natürlich wollten die Friedberger, als sie erst einmal genügend Geld durch ihre neue Tuchfabrikation erworben hatten, auch so eine neue, große, lichtvolle gotische Kirche haben, wie sie ihnen durch Boten aus Straßburg und Marburg und anderswoher vor Augen gemalt worden war. Zwar hatten sie schon eine Kirche, aber die war eben romanisch, und nicht, wie andere sie ringsum machtvoll bauten, eine gotische Kirche. Also musste die romanische Kirche einem gotischen Neubau weichen, der den neuen Friedberger Reichtum und Machtanspruch ebenso wie dem Glauben und der Frömmigkeit des Volkes entsprach. So kam es im Friedberg des 14. Jh. zum Bau einer großen gotischen Stadtkirche.

Die Gemeinschaft der Lebenden und der Toten

Mit Recht wird heute, nach 700 Jahren, gefragt, worin denn die Ursache dafür liege, dass Kirchen des Mittelalters, und so auch die Kirche in Friedberg, Dimensionen haben, die weit über das hinaus gehen, was nötig gewesen wäre, um die Gläubigen zu fassen. Warum nur bauten sie in Friedberg nicht nur einen glanzvollen Hochaltar, sondern fügten gleich noch zehn weitere Altäre für die Jungfrau Maria, die Allerheiligen, für Laurentius, Johannes und Paulus, Katharina, Petrus, Johannes, Maria Magdalena, Nikolaus hinzu? Warum sollen es am Ende 20 Altäre gewesen sein, die hier in der Kirche in den Seitennischen verteilt waren? Warum war es nicht nur ein Priester oder zwei, die hier tätig waren, sondern bis zu 20 Priester, für die ein Chorgestühl inmitten des Raumes gestellt wurde, durch den Lettner vom Volk abgetrennt und allein für die große Schar der Priester vorgesehen war?

Die Antwort liegt in dem Selbstverständnis der Kirche als der Gemeinschaft der Heiligen, das auch im Credo der Kirche zur Sprache kommt: „Ich glaube die heilige, allgemeine, christliche Kirche, die Gemeinschaft der Heiligen". Diese „Gemeinschaft der Heiligen" betrifft zuerst die tiefe Verbundenheit des mittelalterlichen Menschen mit seinen Toten, um deren Seelenheil gebangt und gerungen wurde. Sie sollten nicht ein für allemal verloren sein, sondern einen Platz bei Gott im himmlischen Jerusalem finden. Deshalb wurden ja auch die Toten so nahe wie möglich rings um die Kirche herum gebettet, auf Friedhöfen, die eigentlich Kirchhöfe hießen. Wer geistlich oder weltlich vornehmer war, bekam sogar ein Grab mitsamt Grabstein in der Kirche selbst, möglichst nahe am Hochaltar.

Eine spätgotische Kirche wie die Heiliggeistkirche in Heidelberg etwa wurde in erster Linie als königliche Grablege gebaut, denn als Kurfürst Ruprecht III. zum König von Deutschland gewählt wurde und König Ruprecht I. hieß, brauchte er natürlich auch eine königliche Grablege, um sich vor seinen Mitfürsten sehen lassen zu können. Wie in Friedberg, so gab es auch in Heidelberg zahlreiche Nebenaltäre, an denen Priester angestellt waren, die für die Toten regelmäßig zu beten hatten. Dafür wurden sie bezahlt. Das war ihr „Stipendium", wie es zunächst lateinisch hieß bzw. später in deutsch: ihre „Pfründe". Eine gotische Kirche, sei es in Heidelberg, Friedberg oder anderswo, musste also so große Dimensionen und so viele Altäre haben, weil in der Kirche als der Gemeinschaft der Heiligen über die lebenden Gläubigen hinaus auch die Toten mitbedacht wurden. Sie waren nicht einfach abgeschrieben, weggekippt, verscharrt. Selig vielmehr die Toten, „die in dem Herrn sterben von nun an" (Offb 14.13). Sollten sie das Fegefeuer rettend durchschritten haben, so gewinnen sie Platz im himmlischen Jerusalem, von dem es in Offb 21 heißt: „Da wird Gott abwischen alle Tränen von ihren Augen, und der Tod wird nicht mehr sein, noch Leid, noch Geschrei, noch Schmerz wird mehr sein; denn das Erste ist vergangen. … Wer überwindet, der wird das alles ererben, und ich werde sein Gott sein, und er wird mein Sohn sein." (Offb 21,4.7)

Die Vision des himmlischen Jerusalem, wie sie am Ende der Bibel geschrieben steht, gab auch den geistlichen Bauplan für den Bau einer Kirche, die ein Gleichnis auf Erden für das himmlische Jerusalem werden sollte:

> Und er führte mich hin im Geist auf einen großen und hohen Berg und zeigte mir die heilige Stadt Jerusalem hernieder kommen aus dem Himmel von Gott, die hatte die Herrlichkeit Gottes; ihr Licht war gleich dem alleredelsten Stein, einem Jaspis, klar wie Kristall; sie hatte eine große und hohe Mauer und hatte zwölf Tore, und auf den Toren zwölf Engel und Namen darauf geschrieben, nämlich die Namen der zwölf Stämme der Israeliten: Von Osten drei Tore, von Norden drei Tore, von Süden drei Tore, von Westen drei Tore. Und die Mauer der Stadt hatte zwölf Grundsteine und auf ihnen die zwölf Namen der zwölf Apostel des Lammes. Und der mit mir redete, hatte einen Messstab, ein goldenes Rohr, um die Stadt zu messen und ihre Tore und ihre Mauer. Und die Stadt ist viereckig angelegt, und ihre Länge ist so groß wie die Breite. Und er maß die Stadt mit dem Rohr: 12.000 Stadien. Die Länge und die Breite und die Höhe der Stadt sind gleich. Und er maß ihre Mauer: 144 Ellen nach Menschenmaß, das der Engel gebrauchte. Und ihr Mauerwerk war aus Jaspis, die Stadt aus reinem Gold, gleich reinem Glas. Und die Grundsteine der Mauer um die Stadt waren geschmückt mit allerlei Edelsten. Der erste Grundstein war ein Jaspis, der zweite ein Saphir, der dritte ein Chalcedon, der vierte ein Smaragd, der fünfte ein Sardonyx, der sechste ein Sarder, ein siebente ein Chrysolyt, der achte ein Beryll, der neunte ein Topas, der zehnte ein Chrysopras, der elfte ein Hyazinth, der zwölfte ein Amethyst. Und die zwölf Tore waren zwölf Perlen, ein jedes Tor war aus einer einzigen Perle, und der Marktplatz der Stadt war aus reinem Gold wie durchscheinendes Glas. Und ich sah keinen Tempel darin; denn der Herr, der allmächtige Gott, ist ihr Tempel, ER und das Lamm. (Offb 22)

Dieser Text aus dem letzten Buch der Bibel ist der geistliche Bauplan christlicher Kirchen. Dabei hat jede Epoche im Kirchenbau das himmlische Jerusalem wieder anders zur Darstellung gebracht. Vielleicht ist die Gotik zur vollkommensten Darstellung des himmlischen Jerusalems gelangt, weil sie eine Lichterfahrung von einzigartiger Art darstellen konnte, mit der gleichsam die Ewigkeit in die Zeit hineinleuchtet: „Das ewig Licht geht da herein, gibt der Welt ein neuen Schein; es leucht wohl mitten in der Nacht; und uns des Lichtes Kinder macht." (EG 23,4)

Maria als Platzhalterin der noch nicht Geborenen

Wenn ich bisher sagte, dass gotische Kirchen deshalb so groß seien, weil sie niemals bloß die Lebenden, sondern auch die Toten mit bedachten, so ist das nur die eine Hälfte der Antwort, mit der sich auch die vielen Nebenaltäre und daran tätigen Priester erklären lassen, für die auch der durch den Lettner abgetrennte und sich bis zum Hochaltar erstreckende Priesterraum geschaffen wurde.

Antwort gibt uns Maria, der ja nicht nur der Hochaltar 1306 geweiht wurde, sondern nach der auch diese Kirche ursprünglich benannt wurde: „Zu unserer lieben Frau". Hier sind in der Kirche neben manchen Glasfensterdarstellungen Marias auch zwei steinerne Statuen erhalten geblieben, die sie mit ihrem Kind auf dem Arm zeigen. Vielfältig sind die Gründe der Marienverehrung, die zu den Madonnendarstellungen mit dem Kind geführt haben. Ich kann hier nicht alle Motive der Marienverehrung aufzählen. Ein Grund aber, der mir jetzt entscheidend ist, scheint mir darin zu liegen, dass Maria Platzhalterin für die kommende Generation der noch nicht Geborenen ist, denn auch für die noch nicht Geborenen muss eine Kirche symbolisch Raum geben, also nicht nur für die Toten, sondern auch für die noch nicht Geborenen. Ich mache diese Deutung von Maria als Platzhalterin der Kinder und Kindeskinder fest an dem berühmten Lobpreis der Maria in Lk 1: „Siehe, von nun an werden mich selig preisen alle Kindeskinder; denn er hat große Dinge an mir getan, der da mächtig ist und dessen Name heilig ist. Und seine Barmherzigkeit währet immer für und für bei denen, die ihn fürchten." (Lk 1,48 – 50) Das Kind also, das Maria auf ihrem Arm hält, ist derjenige Mensch, der dann rufen wird: „Lasset die Kinder zu mir kommen und wehret ihnen nicht, denn ihnen gehört das Reich Gottes." (Mk 10)

So also wird in einer mittelalterlich verstandenen und gotisch gebauten Kirche der Gottesdienst recht gefeiert, wenn er in der

Abb. 3: Die Madonna am Lettner. © Dipl.-Ing. Ernst Götz.

Gemeinschaft der Heiligen gefeiert wird: Er wird mit den Lebenden, mit den Toten und mit den noch nicht Geborenen gefeiert, von Ewigkeit zu Ewigkeit. Da muss viel Raum, überdimensional viel Raum in der Kirche sein, wenn sie einer Liturgie für Lebende, Tote und noch nicht Geborene Raum geben soll. Da muss zuerst für die Priester ein besonderer Raum in dieser Kirche sein, der vom Volk abgetrennt ist, weil sie ja die Vollmacht haben, für die Toten zu beten, und weil sie zum Amt geweiht sind, das die Macht hat, Brot und Wein in den Leib und das Blut Jesu Christi zu wandeln. In diesem getrennten Raum feiern die Priester gleichsam ihre ewige Liturgie für alles Volk, wissen sich zuständig dafür, dass Brot und Wein kraft ihrer Weihevollmacht in Leib und Blut Jesu Christi gewandelt werden, und das mit heiligen, stillen Gebeten, die das Volk nicht hören darf, wenngleich es dann, nach der Wandlung, die durch das Glöckchen angezeigt wird, allem Volk gezeigt wird, damit es auf die Knie fällt und ehrfürchtig anbetet, wenn es heißt: „Hoc est corpus Christi". Wenn dieser Leib Christi dann ausgeteilt wird für alle, die zuvor gebeichtet und sich gereinigt haben, um würdig zum Empfang zu sein, und wenn dann immer noch Reste von diesem Leib übrig bleiben, so müssen sie in einem Sakramentshaus verschlossen werden, das so kostbar und einzigartig sein kann wie das Sakramentshaus in Friedberg, das von einem Gitter umgeben, in kostbaren Steinwindungen bis zu 14 Meter hoch, mit einem Verkündigungsengel und einer Maria wie von Wächtern bewacht wird – das ist die notwendige Folge im Bau einer gotischen Kirche, die sich aus der Lehre von der Wandlung der Elemente zwangsläufig ergibt. Die Hochachtung vor der Würde des hochheiligen Sakramentes vom Blut und vom Leib Jesu Christi kann auch in der baulichen Symbolik gar nicht hoch und kostbar genug zum Ausdruck kommen.

Damit aber auch die Lesung von Epistel und Evangelium aus der Heiligen Schrift ebenso wie die Gesänge von den Priestern zu allem Volk in der Kirche dringen, gibt es den Lettner, der ursprünglich Lektorium hieß. Er war die hoch gebaute Stätte dafür, dass das gelesene oder gesungene Wort zu allem Volk kommen kann. Damit aber auch die Priester selbst in ihrer immerwährenden Liturgie sich gestützt und getragen wissen von Maria, den Aposteln und ihrem Herrn, ist auf der einen Seite des Chorgestühls die Geschichte Marias von Weihnachten über die Anbetung der Drei Könige, die Beschneidung und die Darstellung im Tempel bildhaft gezeigt, wie auf der anderen Seite die Apostel und ihr Herr in 13 bildlichen Darstellungen das apostolische Glaubensbekenntnis in seiner lateinischen Fassung auf ihren Schultern tragen und repräsentieren. Es müssen schließlich auch die Heiligen, die im Glauben vorangegangen sind, ikonenhaft in Fenstern zum Ausdruck kommen, in denen sie aus der Ewigkeit in die Zeit heimleuchten, wie es in den großartigen Chorfenstern dieser Friedberger Kirche geschieht: Da schauen uns die Heiligen

Abb. 4. Das Sakramentshaus an der Nordwand des Chorraums
© Dipl.-Ing. Ernst Götz.

in den Gestalten von Maria, Katharina und Barbara an, aber auch Juliana, der heilige Valentin, Dionysius, Apollonia, die Patronin der Zahnärzte, die Schmerzensmaria Sebastians und viele, viele andere, die sich um Maria, die Himmelskönigin in der Mitte und um Christus, den Schmerzensmann, auf der rechten Fensterseite gruppieren.

So also ist eine Kirche von ihrer symbolischen Darstellung her immer auch eine umbaute Liturgie, damit sie Raum gebe denen, die den immerwährenden Dienst vor Gott für alles Volk feiern und dabei die Verstorbenen ebenso wie die noch nicht Geborenen mit im Blick haben, und das alles im Glauben an die Gemeinschaft der Heiligen tun.

Die evangelische Umwidmung der Friedberger Stadtkirche

Am 28. April des Jahres 1521 bekam die Stadt Friedberg hohen Besuch, der freilich höchst umstritten war: Es war Martin Luther, der gemeinsam mit seinen Begleitern und seinem Geleitschutz vom Reichstag zu Worms durch Hessen und Thüringen nach Wittenberg zurückreisen wollte. Dabei machte er auch am Sonntag Kantate 1521 in der Kaiserstraße 32 in Friedberg Quartier. Ob er an diesem Sonntag den Gottesdienst in Friedberg besucht hat, ist nicht bekannt. Bezeugt sind nur zwei bzw. drei Briefe, die er in Friedberg schrieb und von denen mindestens zwei Briefe als historische Dokumente bekannt wurden: Der erste Brief an Kaiser Karl V. in lateinischer Sprache, in welchem Luther die kaiserliche Majestät um Verständnis dafür bittet, dass er in Fragen ewiger Seligkeit keine Kompromisse eingehen kann, wenn ihm nicht aus der Heiligen Schrift klare Gründe dafür genannt werden, an welchen Stellen er geirrt habe. Diese Kompromisslosigkeit unterscheidet Luther freilich scharf von seiner völligen Bereitschaft zum Gehorsam und zur Unterwerfung unter den Kaiser in weltlichen Dingen, denn als Aufrührer möchte Luther auf keinen Fall verleumdet werden. Diesen lateinischen Brief übersetzte Luther noch einmal in einem zweiten Brief in die deutsche Sprache für die Kurfürsten und Stände des Reichs. Da heißt es:

Eure kaiserliche Majestät sollen mich nicht vergewaltigen, verfolgen und verdammen lassen, denn ich bin nochmals in Untertänigkeit erbötig, unverdächtigen, unparteiischen, gelehrten, geistlichen und weltlichen Richtern vorzukommen, durch kaiserliche Majestät, das Reich, die Konzilien, die Doktores, oder wer das zu tun vermag oder willig ist, mich unterweisen zu lassen, meine Lehre und Bücher jedermann zu untergeben, und Erkenntnisse leiden und anzunehmen, nichts ausgeschlossen, denn allein das heilige, freie und klare Wort Gottes, das billig soll oben schweben, und aller Menschen Richter bleiben. Warum ich nicht allein meinethalben (an dem nichts gelegen ist), sondern von wegen des Heils gemeiner Christenheit, untertäniglich bitte, denn ich von Herzen gerne wollte, dass kaiserliche Majestät, dem Heiligen Reich und ganzer Deutscher Nation geholfen und sie in Gottes Gnaden seliglich erhalten würden, dass ich bisher nächst Gottes Ehre und gemeiner Seligkeit der ganzen Christenheit, und gar nicht das Meine gesucht hab und nochmals suche, ob ich gleich durch Missgünstige verdammt würde, weil Christus, mein Herr und Gott, für seine Feinde am Kreuz gebeten hat, wie viel mehr ich für kaiserliche Majestät, Euer Gnaden und Gunsten, und das ganze Heilige Reich, meine allerliebsten Herren, Obrigkeiten und deutsche Nation, zu denen ich mich aller Gnaden zuvorkomme auf voriges und jetziges christliches Erbieten, untertäniglich und tröstlich versehe, sorgen, beten und bitten soll.[14]

Dieser Brief spiegelt die gespannte Stimmung wider, die Martin Luther nach dem Reichstag in Worms erfüllte. Diese Spannung hatte sich längst über das ganze Deutsche Reich ausgebreitet und bewegte natürlich über kurz oder lang auch die Bürger von Friedberg: Was wird der Kaiser mit diesem aufmüpfigen Mönch von Wittenberg machen? Nun, er erklärte ihn alsbald für vogelfrei und schutzlos, was ja bedeutete, dass jeder, der Luther fing und ihn umbrachte, straflos ausging. Warum war aber trotzdem auch durch diese Maßnahme der Flächenbrand, den Luther mit seinen Ablassthesen von 1517 entfacht hatte, in Deutschland und weit über Deutschland hinaus nicht mehr zu löschen? Warum sind auch die Friedberger Bürger über kurz oder lang gegen den Willen ihres Stadtrates zu Luthers Lehre übergelaufen? Warum haben sie es begrüßt, dass der hessische Landesfürst auch die

---

[14] Walch 2, XV, 1904 f.

Friedberger Stadtkirche für die deutsche Messe nach evangelischer Ordnung öffnete und umwidmete?

Was 200 Jahre zuvor noch in klarer kirchlicher Ordnung und im Glauben des Volkes verankert war, das hatte sich in der Zwischenzeit zu einem Geschäftsunwesen pervertiert, das dann beim Neubau des Petersdoms endgültig alle Grenzen sprengte: das Ablassunwesen, mit dem Lebende ihre toten Seelen aus dem Fegefeuer freikaufen konnten. Dagegen heißt es in Luthers 95 Thesen von 1517: „Die predigen Menschenlehre, die da sagen, sobald das Geld im Kasten klingt, die Seele aus dem Fegefeuer springt. Das ist gewiss, sobald das Geld im Kasten klingt, können Gewinn und Habgier zunehmen; über die Fürbitte der Kirche aber entscheidet Gott allein." (27. und 28. These, WA 1, 234) Wohlgemerkt, der Reformator wollte nicht in Frage stellen, dass es eine legitime Beziehung zwischen Lebenden und Toten in Gestalt der Fürbitte gibt, über deren Wert oder Unwert freilich Gott allein entscheidet. Mischt sich in diese Kommunikation aber Geld ein, wird alles verdorben und die teuflische Berechnung zieht durch die Hintertür ein: Wie viel muss ich denn stiften, damit die toten Seelen aus dem Fegefeuer kommen? Darauf antwortete Luther sinngemäß: Du kannst soviel stiften, wie du willst, und weißt dennoch niemals, ob du schon genug gestiftet hast. Damit traf Luther den Nerv der spätmittelalterlichen Angst, ob und wann ich genug getan habe, um Gott zu gefallen und für meine Toten etwas auszurichten. Die Befreiung von dieser Angst war es, die Luthers 95 Thesen wie überhaupt seine neue Lehre so zündend im ganzen Volk machten. Umso mehr musste der Reformator nun freilich darauf achten – und auch das ist eine Triebfeder seiner in Friedberg geschriebenen Briefe – dass seine neue Lehre nicht zu Aufruhr und Gewalt im ganzen Lande führte, wie es ja aus dem 15. Jahrhundert von der hussitischen Bewegung bekannt war, die mit Morden, Brennen und Wüten den Märtyrertod ihres Reformators Jan Hus 1415 in Konstanz rächen wollte.

Kaum war Luther auf der Wartburg in Schutzhaft genommen, wenige Tage nach seinem Aufenthalt in Friedberg, da ging es bereits in Wittenberg los, als besonders drängerische Eiferer die Stadtkirche von Wittenberg nach besonders rigorosen Maßstäben zu reformieren versuchten. Der Bildersturm setzte ein. Wertvolle

Gemälde, Statuen und Glasfenster wurden zerschlagen, um dem Bilderverbot der Bibel zu entsprechen. Dagegen ist Luther im März 1522 eingeschritten, indem er eine Woche lang gegen die Eiferer von Wittenberg predigte und das relative Recht von Bildern, Statuen und Symbolen u. a. verteidigt hat. Seine Generallinie lautete: Non vi, sed verbo (nicht durch Gewalt, sondern allein durchs Wort) werden die entscheidenden Reformen vorangebracht. Nun wurde auch die katholische Messe so behutsam wie nur möglich von den ärgsten, der Bibel direkt widersprechenden Missbräuchen gereinigt. Alles war darauf gerichtet, dass Gottes Wort „oben schweben" (wie es auch im Reformationsfenster an der Nordseite der Stadtkirche geschrieben steht) sollte und nicht die Macht der Kirche oder des Papsttums oder sonst einer Macht. Im Priestertum aller Getauften sollte die Kirche als Gemeinschaft der Heiligen eine im Wort Gottes begründete, hörbare und aus dem Hören heraus sichtbare Gestalt gewinnen.

Für den evangelischen Gebrauch der Stadtkirche von Friedberg hieß das praktisch, dass das Sakramentshaus in seiner ganzen imponierenden Schönheit stehen bleiben konnte, solange es den Menschen gefällt, obwohl es nach evangelischer Lehre nicht mehr um eine Wandlung der Elemente Brot und Wein in der Weihevollmacht des Priesters geht, sondern jetzt um eine Wandlung der Menschen in der Kraft von Gottes Wort, wobei Brot und Wein die Wahrzeichen für die verwandelnde Gegenwart Christi im Abendmahl sind.

Der Taufstein rückte nun aus dem Eingangsbereich der Kirche in den Zentralbereich, weil ja die Taufe die Weihe aller Christen zum Priestertum aller Getauften darstellt. Also wird nun auch die Trennung der Kirche in einen speziellen Priesterbereich und in einen Volksbereich überflüssig, was aber auch in Friedberg nicht dazu geführt hat, dass der Lettner abgerissen wurde, denn er konnte ja sehr wohl dazu dienen, dass von erhöhter Warte aus die Epistel und das Evangelium und die liturgischen Gesänge zu Gehör kommen. Natürlich konnte dann auch der Hochaltar und die anderen Altäre stehen bleiben, solange nur Gebete vor ihnen gesprochen werden, die an Christus, an Gott, an die heilige Trinität gerichtet sind, während nach biblischem Zeugnis weder die Heiligen noch Maria den Dienst der Fürbitte für uns versehen

Abb. 5. Der frühgotische Taufstein im nördlichen Querschiff. © Dipl.-Ing. Ernst Götz.

können, der doch allein Christus zur Rechten Gottes zusteht. War dann nicht auch Maria in der Stadtkirche von Friedberg hinfällig? Mitnichten, denn es gibt kaum ein schöneres Marienlob als das von Martin Luther in seiner Auslegung des Magnificat, des Lobpreises der Maria in Lukas 1:

> Diesen heiligen Lobgesang ordentlich zu verstehen, ist zu merken, dass die hochgelobte Jungfrau Maria aus eigener Erfahrung redet, in der sie durch den heiligen Geist ist erleuchtet und gelehrt worden…Als sie in sich selbst erfahren hat, dass Gott in ihr so große Dinge wirkt, wo sie doch gering, unangesehen, arm und verachtet gewesen, lehrt sie der heilige Geist diese reiche Kunst und Weisheit, dass Gott ein solcher Herr sei, der nichts anderes zu schaffen habe, denn nur erhöhen, was niedrig ist, erniedrigen, was da hoch ist, und kurzum: zerbrechen, was da ist gemacht, und machen, was zerbrochen ist.[15]

---

[15] WA 7,544 – 604 (Insel 2,115 – 196; 119).

Maria war für Martin Luther zwar keine Fürbitterin und keine Himmelskönigin, aber doch ein Vorbild im Glauben, das jedem Menschen hilfreich werden kann, Gottes wunderbarem Wirken zu vertrauen und sich von ihm verändern und gebrauchen zu lassen. Ich bin ziemlich sicher, dass Luther meiner Deutung der Maria als einer Platzhalterin für alle Kindeskinder im Zeichen des einen Kindes von Bethlehem zugestimmt hätte.

Eine Leitlinie in der Reformation aller mittelalterlichen Zusätze hieß: Was nicht direkt der Heiligen Schrift widerspricht oder sie gar außer Kraft setzt, das soll in der Kirche seinen Platz haben. Solange Bilder nicht angebetet werden, sondern als Schmuck des Glaubens dienen, sollen sie in der Kirche Raum haben. Solange Kirchenfenster die Heiligen zeigen als diejenigen, die uns im Glauben vorangegangen sind, sollen sie uns helfen, die lebendige Hoffnung auf das himmlische Jerusalem zu kräftigen. Alles, was dazu hilft, das Evangelium von der Freiheit eines Christenmenschen und von der Liebe zum Nächsten stark zu machen und zu kräftigen, soll im evangelischen Brauch sein und bleiben. Auch für die Toten soll in einem evangelischen Gottesdienst gebetet werden. Verstorbene können einem Lebenden so sehr auf der Seele liegen, dass das Gebet eine einzige Befreiungstat ist, um sie in Gott zu bergen und seinem Willen zu überlassen.

So glaube ich auch, dass es durchaus in Martin Luthers Sinne wäre und vielleicht auch in früheren Zeiten so geübt wurde, dass der erste Teil des Gottesdienstes, der an den Lesungen der Heiligen Schrift und an der Predigt orientiert ist, im westlichen Teil der Kirche gefeiert wird, während dann im zweiten Teil der Abendmahlsfeier die Gemeinde in den vorderen Teil des Ostens der Kirche gehen und einen großen Kreis zum Empfang des Abendmahls bilden könnte, um schließlich am Ende mit allen, die heute nicht am Abendmahl teilnehmen wollen, und mit den Kindern, die aus dem Kindergottesdienst zurückkommen, im Westteil der Kirche den Segen zu empfangen und in den Sonntag und in die Woche gesendet zu werden. Das schiene mir ein wahrhaft evangelischer Brauch dieser Stadtkirche im Zeichen des Glaubens an die Gemeinschaft der Heiligen zu sein, zu der die Lebenden ebenso wie die uns im Glauben Vorangegangenen wie auch die noch nicht Geborenen gehören.

Kult und Kultur

Neben dem katholisch-sakramentalen und dem reformatorisch-verkündigenden Gebrauch gibt es noch einen dritten Brauch der Kirche, den ich den kulturellen Brauch nennen möchte. Eine so prächtige Kirche wie die Stadtkirche in Friedberg stellt ja immer auch ein Kulturdenkmal dar, das auch denen wertvoll ist, die eine ganze Zeitlang, ja vielleicht niemals zum Gottesdienst in die Kirche kommen, aber höchsten Wert darauf legen, dass die Glocken läuten, und dass der Kirchturm repariert wird, dass gute Kirchenmusik stattfindet und dass überhaupt die kulturelle Bedeutung einer Kirche bedacht wird.

In diesem Sinn verstehe ich auch eine Begebenheit aus den neuen Bundesländern, wo ein kleines Dorf eine alte, verfallene Kirche wieder aufrichtete, obwohl dort nur noch eine fast 80-jährige Frau den Gottesdienst besuchte und alle anderen Menschen des Dorfes aus der Kirche ausgetreten waren. Warum taten sie sich dennoch zusammen und richteten ihre alte Dorfkirche wieder auf? Der Bürgermeister, ein Altkommunist aus sozialistischen Zeiten, brachte es prägnant auf den Begriff: „Unser Dorf braucht eine Seele!" Ich will diesen Ausspruch gar nicht religiös überhöhen, sondern lieber ganz kulturell verstehen: Das Dorf braucht einen kulturellen Mittelpunkt, der sich nicht als wirtschaftlicher Faktor verstehen lässt, sondern etwas – im besten Sinn des Wortes – Überflüssiges, Überschießendes darstellt. Die Kirche steht im Dorf, und dort soll sie auch stehen oder wieder aufgerichtet werden. So waren denn auch für diese wieder aufgebaute Kirche kulturelle Veranstaltungen geplant; Musikvereine interessierten sich, Bildungsveranstaltungen waren geplant, usw. Wer weiß, ob es nicht eines Tages in dieser Dorfkirche wieder einmal zu einem Gottesdienst kommt, vielleicht ein Beerdigungsgottesdienst oder eine Trauung oder ein ganz normaler Sonntagsgottesdienst.

Ich plädiere dafür, Kultur und Kult nicht zu trennen, sondern in engem Zusammenhang miteinander zu verstehen oder wieder zu bringen: Wo Gott verehrt wird im Kult, da bekommt auch der Mensch eine Würde und eine kulturelle Bedeutung. Kultur ist das gestaltete Miteinander von Menschen; Kult ist die gestaltete Beziehung zwischen Gott und Mensch. Senkrechte und Waagerechte gehören zusammen. Wo dem Kult die Kultur abhanden kommt, verengt er sich und wird ghettohaft. Wo die Kultur auf jeden Kult verzichtet, wird sie nur noch ein Kulturgeschäft, das sich selbst vermarktet und eines Tages leer wird. Das kann sich dann auf den Kult übertragen, so dass auch dieser nur noch nach zweckmäßigen Gesetzen betrachtet wird. Gefragt wird dann, ob sich denn der Gottesdienst und so eine teure Kirche auch wirklich rechnen.

Möge es nicht nur in Friedberg, sondern auch anderswo so sein, dass Kult und Kultur in eine gute, einander fördernde Beziehung kommen, damit die Kirche die Seele dieser Stadt bleibe oder es wieder werde, ein Ort für die Gemeinschaft der Heiligen und ein Raum lebendiger Hoffnung für die Lebenden und ihre Beziehung zu den Toten und für ihre Beziehung zu den noch nicht Geborenen im Zeichen „unserer lieben Frau" mit ihrem Kind.

4. Glocken für das Dorf

Predigt zur Glockenweihe[16]

Eure Glocken sollen heute geweiht werden. Durch ihr Läuten werden sie Euch zurufen, was als Worte der Heiligen Schrift auf ihnen geschrieben steht:

„*Selig sind, die da Leid tragen; denn sie sollen getröstet werden*". Das ruft Euch die Totenglocke zu, wenn einer von Euch gestorben ist, und Ihr ihn hinaus zum Friedhof begleitet. Wenn doch die Hinterbliebenen und Angehörigen, wenn doch alle, die um diesen Toten Leid tragen, sich einen Moment von der Glocke unterbrechen ließen! Dann bekämen sie die tröstliche Botschaft zu hören, dass einer Euer Leid mitträgt, der für Euch gestorben ist und selber am besten weiß, was Leid ist. ER wird Euch auch dann weiter begleiten, wenn Ihr allein vom Friedhof nach Hause

---

[16] Predigt zur Glockenweihe in der Kirchengemeinde Bründersen/Wolfhagen am 30.9.2007.

kommt und keiner mehr Euch zu Hause grüßt. ER aber, der Gekreuzigte und Auferstandene, bleibt weiter bei euch alle Tage. Das bekommt Ihr zu erfahren, wenn Ihr Euer Leid nicht einfach abschüttelt oder verdrängt, sondern es wirklich tragt und dann die selige Erfahrung macht, dass Ihr von IHM mehr getragen werdet, als Ihr selber je tragen könntet.

„Selig sind, die Frieden stiften; denn sie werden Gottes Kinder heißen". So ruft es euch dreimal am Tag die Tagesglocke zu. Sie unterbricht Euch in Eurem Tagesgeschäft und ruft Euch den Frieden Gottes zu. Mit diesem Frieden ist es ähnlich wie mit der Vergebung, um die wir im Vaterunser bitten: „Vergib uns unsere Schuld". Aber dann geht es in derselben Bitte weiter: „wie wir vergeben unserm Schuldiger". Wir bekommen also Gottes Vergebung nur dann, wenn wir auch selber unserm Nächsten, der an uns schuldig geworden ist, vergeben. So wirst Du die Seligkeit von Gottes Frieden nur erfahren, wenn Du auch selbst bereit bist zum Frieden mit Deinem Nächsten.

Es gab einen Brauch in Eurem Dorf, und vielleicht gibt es diesen Brauch heute noch bei Euch: Zum Abendmahl sollte nur gehen, wer zuvor Frieden gemacht hatte, mit wem er im Streit lag. Wie ernst es mit diesem Brauch war, ging mir auf, als mich ein Vater vor der Konfirmation seiner Tochter ansprach, er könne nicht mit zum Abendmahl gehen, weil er Streit mit einem Konkurrenten habe, und er könne diesen Streit nicht mehr bereinigen. Er hatte den Ernst von Jesu Wort aus der Bergpredigt verstanden: „Wenn Du zum Altar gehst und wirst gewahr, dass dein Bruder etwas gegen dich hat, so gehe zuvor hin und versöhne dich mit ihm". Der Frieden in Deinem Haus, der Frieden in Deinem Herzen, der Frieden mit Deinem Nächsten und der Friede Gottes über Dir – sie hängen aufs engste zusammen. Die Tagesglocke unterbricht Dich in Deiner Verbitterung, indem sie Dir den Frieden Gottes zuruft: „Selig, die Frieden stiften, weil sie selber friedfertig sind; sie werden Kinder Gottes heißen, weil ihnen der Neuanfang miteinander kinderleicht fällt."

Euer Gebet während des Tagesläutens mag dann lauten: "O Herr, mach mich zum Werkzeug deines Friedens, dass ich Liebe übe, wo man sich hasst, dass ich verzeihe, wo man sich beleidigt, dass ich verbinde, wo Streit ist, dass ich die Wahrheit sage, wo der Irrtum herrscht."

„Selig sind, die reinen Herzens sind; denn sie werden Gott schauen." Das ruft die Tauf- und Hochzeitsglocke den Brautleuten, den Täuflingen und mit ihnen bei Taufe und Hochzeit dem ganzen Dorf zu. Wenn Ihr diesen Ruf nur in Erinnerung behieltet für die Zeiten, in denen diese Täuflinge heranwachsen, Euch neben Freude auch Ärger und Kummer bereiten, so dass Ihr sie manchmal wie Biester anseht, die Ihr am liebsten an die Wand schmeißen würdet. Wer sich dann vom Ruf der Glocke und ihrer Seligpreisung unterbrechen ließe, der würde daran erinnert, dass Kinder eine Gabe Gottes sind und einen Schutzengel an ihrer Seite haben. Dann weichen die bösen Gedanken aus Eurem Herzen, und Ihr werdet reinen Herzens, denn Ihr beginnt den Vater im Himmel über Euren Kindern zu schauen, der sie besser geleitet, als Ihr das je selber könntet.

Aber auch die Brautleute, die schon mit ihrer Ehe in die Jahre gekommen sind, würden sich neu einander anschauen, wenn sie sich von dieser Glocke unterbrechen ließen, die sie an das erinnert, was sie einst vor dem Altar einander vor Gott gelobt haben, dass sie in Freud und Leid zueinander halten wollen, „bis der Tod euch scheidet."

Wenn alle drei Glocken gemeinsam am Sonntag läuten, dann laden sie Euch zum Gottesdienst ein und geben Euch den Heilandsruf zu hören: „Kommt her zu mir alle, die ihr mühselig und beladen seid. Ich will euch mit Trost in Eurem Leid, mit Frieden in Eurem Streit und mit reinem Herzen in allen Sorgen und Kummer erquicken."

So begleiten Euch die Glocken alltags wie sonntags, und Ihr könntet ihrem Ruf antworten, was der schwäbische Dichterpfarrer Albrecht Goes so gedichtet hat:

> „Komm in diesem Glockensegen, Herr, uns allen du entgegen,
> dass wir gehen in deiner Gnad, eh der finstre Abend naht."

C Freiräume der Kirchengemeinde

Zur Einführung

Prof. Dr. Dr. Klaus Dörner, einer der profiliertesten Vertreter der deutschen Sozialpsychiatrie, der von 1980 – 1996 ärztlicher Leiter der Westfälischen Klinik für Psychiatrie, Psychosomatik und Neurologie in Gütersloh war und an der Universität Witten/ Herdecke Psychiatrie lehrte, hielt am 15.3.2008 in der Evangelischen Akademie Hofgeismar bei der 17. Hofgeismarer Psychiatrietagung einen Vortrag zum Thema: „Wie wollen wir wohnen? Leben mit psychischer Krankheit im ländlichen Raum".[1] In diesem Zusammenhang kommt er auf die „Kirchengemeinde als 3. Sozialraum" zu sprechen:

> „Für das Mobilisieren des bürgerschaftlichen Engagements braucht man in der ganzen Menschheitsgeschichte eigentlich immer eine besondere geografische Größenordnung. Das liegt zwischen dem Sozialraum des Privaten und dem Sozialraum des Öffentlichen. Wir haben hundert Jahre lang gedacht, es gäbe nur diese beiden – privat und öffentlich, das haben wir als Schüler alle gelernt –, aber vergessen, dass es dazwischen – ich nenne das mal einen „3. Sozialraum" – auch immer gegeben hat, selbst in den letzten hundert Jahren, wo der fast ausgetrocknet war. Der 3. Sozialraum ist das, was man früher Nachbarschaft genannt hat, jetzt organisationell Stadtviertel, Stadtteil, Dorfgemeinschaften auf dem Lande. Größenordnungen auf dem Lande von 1000 bis 2.000, auch mal 5.000 Einwohnern, in der Stadt 5.000 – 10.000, kann auch mal 20.000 sein, so in dieser Größenordnung. Warum? Nur wenn man als nichts ahnender unschuldiger Bürger aufgefordert wird, genau in diesem Bereich sich

---

[1] Diesen Hinweis verdanke ich Adalbert Riebensahm, ehemals Dekan in Hofgeismar, jetzt in Kassel wohnhaft.

für andere, fremde Menschen zu engagieren, gibt es Hoffnung auf Erfolg. Wenn es kleiner ist, das ist die Familie, zählt nicht, da hat man eh seine Pflichten zu erfüllen, gefälligst. Wenn es größer ist, ist's unverbindlich, zu groß. Es ist dieser 3. Sozialraum, der, wenn ich versuche bürgerschaftliches Engagement zu mobilisieren, die größten Erfolgschancen hat. Er ist zuständig – menschheitsgeschichtlich – für drei präzise Funktionen: einmal für den Hilfebedarf, mit dem eine Familie überfordert ist, zweitens für hilfebedürftige Singles, die gar keine Familie haben, und zum dritten für alle Prozesse der Integration. Und das ist jetzt nicht nur das Helfen, es betrifft auch die Migranten beispielsweise. Für Integrationsprozesse ist der Privatraum zu klein, der öffentliche zu groß, die spielen sich in diesem schwer überschaubaren, schwer definierbaren Zwischenraum ab. Für den gilt es das Bewusstsein, das Sensorium wieder zu gewinnen. Wir brauchen ein Sinnesorgan für die Chancen – die Grenzen auch, aber vor allem für die Chancen, die Ressourcen des 3. Sozialraums. Beginnen müsste das Ganze natürlich, indem die Schulcurricula für unsere Kinder geändert werden, weil die alle lernen müssen, dass sie nicht in zwei, sondern in drei Sozialräumen leben.

Und jetzt sehe ich, dass durch die Kirchenpolitik mutwillig das Engagement von Kirchengemeinden zerschlagen wird, obwohl Kirchengemeinden die ideale Größenordnung haben, weil sie fast deckungsgleich sind in ihrem Einzugsbereich mit dem, was die Wirksamkeit eines 3. Sozialraums ausmacht. Wo nämlich, wenn ich als Bürger gefragt werde, ob ich mich allgemein für alle psychisch Kranken engagiere, ich sage: Bei euch piept's wohl! Weil, das ist ein Fass ohne Boden. Wenn ihr mir aber sagt: Nein, es sind nur die psychisch Kranken oder nur die Dementen gemeint, die da leben, wo du auch lebst, in deinem Viertel, in deiner Dorfgemeinschaft, – dann werden Sie sehr viel wahrscheinlicher zur Antwort bekommen: Das ist doch ganz was anderes, warum hast du das nicht gleich gesagt! Für „die" psychisch Kranken interessiere ich mich einen Dreck, die kann man von mir aus auf den Mond schießen. Aber unsere psychisch Kranken, die dort leben, wo ich lebe, das ist was völlig anderes, das hat mit „den" psychisch Kranken nichts zu tun; da bin ich natürlich, wenn ich schon gefragt werde – und gefragt werden will ich –, da bin ich bereit, mich in einem gewissen Umfang zu engagieren. So haben 2000 Jahre lang die Kirchengemeinden auch funktioniert und dann kam über die Industrialisierung die tolle Idee, das wäre unrationell. Gottesdienst und Menschendienst gemeinsam, das sei nicht rationell, das sollte man arbeitsteilig auseinandernehmen: den

Menschendienst aus den Kirchengemeinden herauslösen, in möglichst große, rationell zu betreibende Einrichtungen verlegen, so dass sich dann die Kirchengemeinde gewissermaßen auf ihr Kerngeschäft konzentrieren kann, Gottesdienst pur, ohne diese lästigen Lasten des Menschendienstes. Nur noch Gottesdienst, ist doch viel schöner, viel bequemer, nicht so anstrengend. Längere Zeit schien das aufzugehen, bis die Leute jetzt dahinter gekommen sind, dass das nicht geht und dass das vor allem in höchstem Maße unbiblisch, geradezu antibiblisch ist. Das oberste Gebot des Alten wie des Neuen Testaments ist die Einheit von Gottes- und Menschenliebe. Und wehe, man löst diese Einheit entweder zur einen oder zur anderen Seite auf, dann hat es mit der Bibel nichts mehr zu tun."

Eine Entwicklung der letzten hundert Jahre stellt Klaus Dörner in Frage: Ob nicht das Auseinanderdriften von Diakonie und Kirchengemeinde für beide Seiten ein Schade ist, weil Gottes- und Menschenliebe, die nach biblischer Überlieferung aufs engste zusammengehören, auseinander gerissen wurden. Vor allem sei es ein Schade für die Betroffenen selbst, die psychisch Kranken, wenn ihnen die Nachbarschaft fehle. Dafür stehe die Kirchengemeinde als 3. Sozialraum zwischen dem privaten und dem öffentlichen Sozialraum ein. Deshalb greift Dörner eine Kirchenpolitik an, die den Menschendienst aus den Kirchengemeinden herausgelöst und in große Einrichtungen verlegt habe. Das habe auch zur Entleerung der Kirchengemeinden aufs scheinbar reine Kerngeschäft geführt. Stattdessen komme es darauf an, „nicht die Kirchengemeinden zu fusionieren, sondern diakonische Professionalität und kirchengemeindliches Bürgerengagement wieder zusammenzubringen." So finden auch Gottes- und Menschenliebe wieder zusammen.

Das kann freilich nicht gelingen, wenn die Gottesliebe nur eine Vorstufe zur Menschenliebe, der Gottesdienst nur ein Sprungbrett zum Sozialdienst wird. Erst dann würde die Kirchengemeinde zum „3. Sozialraum", wenn das Fest von Gottes Gegenwart so intensiv in Seelsorge, Gottesdienst, Predigt und Segen für alle gefeiert würde, dass sich daraus Menschenliebe und sozialer Dienst als das Tun des Nächstliegenden ergäbe, das so selbstverständlich wäre, dass es gar nicht groß beredet werden müsste.

In diesem Sinn soll in Teil C zur Sprache kommen:

1. Wie im Gottesdienst Seelsorge geschieht

Nach dem Gottesdienst erscheint eine Frau in der Sakristei, um sich bei dem Pfarrer in bewegten Worten für den Trost zu bedanken, den sie in diesem Gottesdienst empfangen habe. Seit vielen Jahren sei sie in keiner Kirche mehr gewesen. Heute aber habe ihr die Verzweiflung bis zum Hals gestanden, und sie habe ständig mit Selbstmordgedanken kämpfen müssen. Da sei sie einfach dem Klang der Glocken gefolgt und habe die Kirche aufgesucht. Im Gottesdienst sei ihr zunächst alles fremd und ungewohnt gewesen. Auch von der Predigt habe sie leider wenig verstanden. Sie sei wohl viel zu sehr mit sich selbst beschäftigt gewesen. Schon habe sich ihrer ein tiefes Enttäuschungsgefühl bemächtigt. Doch dann habe sie den Pfarrer mit erhobenen Händen am Altar stehen sehen, und da seien Worte gefallen, die hätten sie wie ein Lichtblitz getroffen. Auf einmal sei ein ganz tiefer Friede in sie eingekehrt, das Gefühl, dass ihr eigentlich nichts passieren könne. Es sei ein Gefühl gewesen, wie sie es seit ihrer Kindheit nicht mehr erlebt habe. Sie bat den Pfarrer, ihr diese Worte, die er da mit erhobenen Armen gesprochen habe, aufzuschreiben. Es sei etwas mit einem „leuchtenden Angesicht" gewesen und habe vom Frieden gehandelt. Wenn der Pfarrer ihr diese Worte, die sie so tief getroffen hätten, nun aufschreibe, könnte sie das auswendig lernen und würde dann mit ihren Schwierigkeiten sicherlich besser umgehen können, wenn sie sich diese Worte jeweils ins Gedächtnis riefe.[2]

Hier hat sich der Gottesdienst als Seelsorge an einem verzweifelten Menschen durch uralte, fest geprägte Worte des aaronitischen Segens ereignet, wie ihn der evangelische Pfarrer seit

---

[2] Vgl. J. Scharfenberg, Einführung in die Pastoralpsychologie, Göttingen 1985, 61.

Luthers Zeiten am Ende des Gottesdienstes mit erhobenen Armen der Gemeinde zuspricht: „Der Herr segne dich und behüte dich. Der Herr lasse sein Angesicht leuchten über dir und sei dir gnädig; der Herr hebe sein Angesicht über dich und gebe dir Frieden". (Num 6,24 ff) Während die anderen Menschen im Gottesdienst diese 3000 Jahre alte Segensformel ganz rituell hören, wie jeden Sonntag, ist diese verzweifelte Frau „wie von einem Lichtblitz getroffen" worden und „ein ganz tiefer Frieden" kehrt in ihrer Seele ein. Bei anderen Menschen mag es der Friedensgruß nach der Predigt sein, der sie bis in die Seele hinein trifft, während andere diesen Gruß wiederum ganz formelhaft hören: „Und der Friede Gottes, der höher ist als alle Vernunft, bewahre eure Herzen und Sinne in Christus Jesus" (Phil 4,7). Ein andermal mag es ein Liedvers sein, der sich in der Seele eines Menschen festhakt, wie z. B. „Es kann mir nichts geschehen, als was er hat ersehen und was mir selig ist (EG 368,3). Für andere kann es ein Satz oder gar nur ein Wort aus der Predigt sein, wodurch sie getroffen werden. Im Grunde kann alles, was im Gottesdienst geschieht, eine seelsorgliche Wirkung bekommen, von den Glocken angefangen bis zum Händedruck am Ausgang. Freilich, alles kann auch vorbeirauschen und Menschen leer und trostlos, vielleicht gar erbost und zornig nach Hause gehen lassen.

Sehnsucht nach den „schönen Gottesdiensten des Herrn"

Die Sehnsucht nach einem die Seele berührenden Gottesdienst ist uralt und findet sich schon in Israels Psalmen: „Eines bitte ich vom Herrn, das hätte ich gerne: dass ich im Haus des Herrn bleiben könne mein Leben lang, zu schauen die schönen Gottesdienste des Herrn" (Ps 27,4). Aus dem näheren Zusammenhang des Psalmes geht hervor, dass es sich hier nicht um die Sehnsucht eines liturgischen Feinschmeckers handelt, der „schöne" Gottesdienst feiern möchte, sondern um einen Verfolgten, der sich von Feinden umringt weiß. Deshalb strebt er nach Asyl im Heiligtum, wo ihn seine Feinde nicht mehr greifen können, weil er hier unter Gottes Schutz steht. Es geht also um den Lebensschrei eines Gehetzten, der nicht mehr weiß, wo er in der Welt noch bleiben kann. In der Sehnsucht nach den „schönen Gottesdiensten" sehnt er sich in Wahrheit danach, dass er „Gottes Freundlichkeit schauen" und sich in ihr bergen kann, weil er sonst in einer ihn feindselig anblickenden Welt verloren wäre. Vielleicht gibt es auch heute viel mehr Menschen als wir ahnen, die mit sich selbst zerfallen sind und ihre Umwelt als so feindselig erleben, dass es sie förmlich danach hungert, die Freundlichkeit des Herrn zu schauen.

Jochen Klepper zum Beispiel, der Dichter von Liedern wie „Die Nacht ist vorgedrungen" oder „Er weckt mich alle Morgen", wurde im Dritten Reich wegen seiner Ehe mit einer Halbjüdin aus seiner Stellung im staatlichen Rundfunk entlassen und erlebte die nationalsozialistische Welt als eine ihn von allen Seiten feindselig umgebende Welt. Sein bewegendes und erschütterndes Tagebuch „Unter dem Schatten deiner Flügel" zeigt, wie sehr er und seine Frau sich von Sonntag zu Sonntag danach sehnten, die „Freundlichkeit des Herrn" gottesdienstlich zu schauen und den Gottesdienst als Seelsorge zu erfahren. Er war oft schon für ganz Weniges dankbar, z. B. für ein Gebet, das die Sorgen der Menschen aufnimmt oder für ein Lied von Paul Gerhardt, das seine Ängste überwindet, oder eine Predigt, die ihn als begnadigten Sünder anspricht.

Freilich, oft genug ging er auch enttäuscht aus dem Gottesdienst nach Haus. Seine Enttäuschung gipfelt in dem Satz: „So verschüttet ist in den Gottesdiensten das Göttliche. So drängt das Menschliche sich hervor."[3] Nach meinem Eindruck trifft diese Kritik nach wie vor den Kern der Enttäuschung vieler gerade angefochtener Menschen über leere Gottesdienste, die dann auch zahlenmäßig immer leerer werden: „So drängt das Menschliche sich hervor." Das mögen gut gemeinte Erklärungen und Regieanweisungen sein, die doch die Begegnung mit dem Heiligen zerreden. Es mögen Liturgen sein, die eher einem Showmaster im Fernsehen gleichen. Es mögen auch Gemeindeglieder sein, die ein Happening erwarten oder aus dem Gottesdienst ein Event

---

[3] J. Klepper, Unter dem Schatten deiner Flügel. Aus den Tagebüchern der Jahre 1932–1942, Stuttgart 1956, 854.

machen. So wenig es sich vom Menschen aus machen lässt, dass sich Gottes Freundlichkeit im Gottesdienst zeigt und zur Seelsorge an zersorgten Seelen führt, so sehr lässt sich die Begegnung mit dem Heiligen doch vom Menschen aus verstellen und verschütten, indem ein Müllberg toter, platter Richtigkeiten aufgeschüttet wird. Die Jagd nach dem sog. „modernen Menschen" und seinen Erwartungen kann gerade im Gottesdienst so elend werden, dass die Seelen von angefochtenen Menschen leer bleiben und Seelsorge sich kaum ereignet.

„Die Kirche feiert Geheimnisse"

„Die Kirche befriedigt nicht Erwartungen, sie feiert Geheimnisse."[4] Dieser Satz, den der Mailänder Kardinal C. M. Martini in seinem Buch „Woran glaubt, wer nicht glaubt?" schrieb, trifft den Nagel auf den Kopf. Solange die Kirche, zumal in ihren Gottesdiensten, Erwartungen befriedigt, wird sie für irgendwelche Zielgruppen zeitgeistige Modethemen aufbereiten und religiös überhöhen. Das wird auf Dauer zum Gähnen langweilig! Sobald sie aber anfängt, die Geheimnisse gottesdienstlich zu feiern, die ihr in Jesus Christus anvertraut sind, horchen die Menschen auf und feiern mit. Um welche Geheimnisse geht es? Im Kern um das eine Geheimnis, dass Gott in Jesus Christus Mensch geworden ist, damit aus maßlos gewordenen Unmenschen wieder Menschen werden, die in die Grenzen ihrer Zeit und ihrer Geschöpflichkeit umkehren können. In einem alten Lied kommt dieses Geheimnis so zum Ausdruck: „Ewigkeit, in die Zeit leuchte hell hinein, dass uns werde klein das Kleine und das Große groß erscheine, selge Ewigkeit". Während die Seele, dieser Quengel- und Sorgengeist, den Menschen dazu verführt, sich planend unendlich weit voraus zu sein, um eben dadurch in Sorgen zu ersticken, wird das Geheimnis von Gottes Kommen aus der Ewigkeit in die Zeit gottesdienstlich gefeiert und verkündigt: „Euch ist heute der Heiland geboren!" Nun geschieht Umkehr der Seele aus schuldbeladener Vergangenheit oder angemaßter Zukunft in die Gegenwart, in das

---

[4] C. M. Martini / U. Eco, Woran glaubt, wer nicht glaubt?, 1999, 64.

Heute Gottes, wenn es heißt: „Dir sind deine Sünden vergeben!"
Dann leuchtet das Angesicht Gottes, und die Freundlichkeit Gottes
strahlt „wie ein Lichtblitz" in eine von Sorgen verfinsterte, mit
Selbstmordgedanken kämpfende Seele hinein. Das ist die Seelsorge des Gottesdienstes! Nichts anderes geschieht dabei, als dass
„Gott uns mit seinem heiligen Wort dient und wir ihm mit Gebet
und Lobgesang antworten" (Martin Luther).

„Die Kirche feiert Geheimnisse" – das heißt freilich auch, dass
sie über das Erscheinen von Gottes Freundlichkeit nicht verfügt.
So sehr der Apostel Paulus betont: „Dafür halte uns jedermann:
für Diener Christi und Haushalter über Gottes Geheimnisse"
(1Kor 4,1), weiß er doch zugleich: „Wo aber der Geist des Herrn
ist, da ist Freiheit" (2Kor 3,17). Die Kirche hat zwar die Aufgabe,
den „Schatz des Evangeliums" in den „irdenen Gefäßen"
menschlicher Diener, Worte, Riten, Gesänge, Gebete und Se-
gensformeln auszuteilen. Ob darin aber Gottes Freundlichkeit,
sein leuchtendes Angesicht „heute" aufstrahlt, bleibt der Freiheit
von Gottes Geist vorbehalten und kann niemals von Menschen
verfügt werden. Schlimmer noch: Die „Haushalter" können das
Geheimnis von Gottes Gegenwart mit den neuesten Neuigkeiten
der Medien verwechseln und so abgründig verstellen, dass an-
gefochtene Menschen wie Jochen Klepper seufzen: „So verschüttet ist das Göttliche. So sehr drängt sich das Menschliche
hervor!" Dann fällt auch die Seelsorge des Gottesdienstes aus,
und es bleibt leerer, eitler Menschendienst zurück.

„Lasset uns anbeten und in Ehrfurcht vor ihn treten"

Welche Einstellung könnte die Menschen, einschließlich der
Pfarrer und Pfarrerinnen, dafür öffnen, dass sie die Geheimnisse
Gottes mitfeiern und sich Gottes Seelsorge an ihnen ereignen
kann? Es ist die Einstellung von Anbetung und Ehrfurcht, wie sie
wohl am schönsten in dem Lied des evangelischen Mystikers
Gerhard Tersteegen zum Ausdruck kommt: „Gott ist gegenwärtig.
Lasset uns anbeten und in Ehrfurcht vor ihn treten" (EG 165). Hier
wird ganz und gar von der unverfügbaren Gegenwart Gottes, von

Gott „in der Mitte" her gedacht, die auf des Menschen Seite Schweigen, innige Verbeugung, Ergebung voraussetzt. Dann öffnet sich derjenige Raum, in dem das „Heilig, heilig, heilig" vernehmbar wird, das „alle Engel hohe Chöre" zu Gottes Ehren singen, und auch des Menschen „geringe Stimme" hörbar wird. Allen „Eitelkeiten" und aller Neugier nach neusten Aktualitäten wird hier der Abschied gegeben, während das „majestätisch Wesen" von Gottes Gegenwart sich um so strahlender aus seiner eigenen Freiheit heraus entfalten kann. Nun durchdringt Gott mit seinem schönsten Licht alles und berührt auch mein Gesicht, so dass sich meine Seele wie eine zarte Blume entfalten und der Sonne von Gottes Freundlichkeit still halten kann.

So stelle ich mir jene verzweifelte Frau vor, die sich zufällig in eine Kirche verirrte und dort plötzlich ganz still wurde, als sie durch eine ritualisierte Segensformel mitsamt der Geste der erhobenen Arme hindurch von Gottes leuchtendem Angesicht „wie von einem Lichtblitz" getroffen wurde, so dass ihr zu Mute war, als könne ihr nichts mehr geschehen und niemand ihr etwas anhaben, nicht einmal sie selbst.[5]

2. Warum die Gemeinde ein Raum der Seelsorge ist

„Hilf, dass ich mit diesem Morgen geistlich auferstehen mag und für meine Seele sorgen, dass, wenn nun dein großer Tag uns erscheint und dein Gericht, ich davor erschrecke nicht" (EG 445,4). Hier kommt der ursprüngliche Begriff von Seelsorge zur Sprache, dass ein Mensch sich um seine Seele sorgt und dafür Hilfe braucht, damit er es nicht auf falsche, sondern auf rechte Weise tue, um vor Gottes Gerichtstag bestehen zu können und nicht, wie der reiche Kornbauer, nachts vor Schrecken vergehen zu müssen.

---

[5] Vgl. ausführlicher Ch. Möller, seelsorglich predigen. Die parakletische Dimension von Predigt, Seelsorge, Gottesdienst und Gemeinde, Waltrop ³2003; ders.: Kirche, die bei Trost ist. Plädoyer für eine seelsorgliche Kirche, Göttingen 2005; ders.: Die homiletische Hintertreppe. 12 biografisch-theologische Begegnungen, Göttingen 2007.

Der selbstreflexive Bezug hat sich dem Begriff „Seelsorge" fest eingeschrieben, während der auf einen anderen Menschen gerichtete Bezug wie z. B. „der oder die zu Beseelsorgende" nicht zufällig eine sprachliche Unmöglichkeit ist. In Sachen „Seelsorge" kann ich einem anderen nur Hilfe zur Selbsthilfe geben, und diese Hilfe wird aufs engste damit zusammenhängen, wie ich mit der Sorge um meine eigene Seele dran bin. Eben das macht ja auch Seelsorge zu einer so existentiellen Angelegenheit. Ich stehe immer auch mit meiner eigenen Seelsorge auf dem Spiel, wenn ich anderen Hilfe für die Sorge um ihre Seele zu geben versuche. Ich kann anderen nur so viele Hilfe zur Sorge um ihre Seele geben, wie ich mir auch selbst Hilfe für die Sorge um meine Seele geben lasse.

Seelsorge als Pastoralpsychologie

Vielleicht trat deshalb auch vor 40 Jahren die aus den USA importierte Seelsorgebewegung einen solchen Siegeszug in Europa an, weil sie auf den engen Zusammenhang von Fremd- und Eigenseelsorge aufmerksam machte und für Selbsterfahrung in der Seelsorgeausbildung eintrat. Was ich im Studium an Seelsorge gelernt hatte, waren so steile Definitionen wie „Seelsorge ist Verkündigung des Wortes Gottes an den einzelnen" (H. Asmussen) oder „Seelsorge ist die Ausrichtung des Wortes Gottes an den einzelnen in einer je und je bestimmten Situation" (Thurneysen) oder „Seelsorge ist die Besorgung des Leibes Christi in seinen Gliedern" (Trillhaas). Solche kerygmatischen Sätze helfen aber im Alltag der Seelsorge am Krankenbett oder beim Hausbesuch nicht weiter, sondern blockieren nur. Sie setzen unter Verkündigungsdruck, und wenn ich nicht eine „message" am Krankenbett hinterlasse, gehe ich unbefriedigt davon.

Nun aber erschien 1968 das „Praktikum des seelsorgerlichen Gespräches"[6] der beiden Holländer Faber und van der Schoot, das der Hannoveraner Klinikseelsorger Hans-Christoph Piper übersetzt und herausgegeben hatte. Originaltitel: „Het pastorale

---

[6] H. Faber und E. van der Schoot, Praktikum des seelsorgerlichen Gespräches, Göttingen 1968.

gesprek, een pastoraal-psychologische studie". Hier waren Erkenntnisse US-amerikanischer Psychotherapie nach Carl R. Rogers und ihrer Übertragung in pastoral counseling bzw. clinical-pastoral-training für europäische Seelsorge-Verhältnisse übersetzt. Nun kam Methodik in die bisher ziemlich beliebige Art der Seelsorge hinein: Vom „counseling" im seelsorgerlichen Gespräch war jetzt die Rede, von der akzeptierenden, empathischen Haltung des Seelsorgers, vom richtigen Habitus, von der non-directiven Gesprächsführung, vom Nutzen psychologischer Schulung und vom „clinical training" für Pastoren. Dafür wurden Kurse angeboten, 3 Wochen-, 6 Wochen- und 3 Monatskurse in KSA. Eine Deutsche Gesellschaft für Pastoralpsychologie (DGfP) konstituierte sich, die die aufblühende Seelsorgebewegung organisierte und koordinierte. Theoretisch unterstützte vor allem Dietrich Stollberg[7] mit seinem umfassenden Bericht von der amerikanischen Seelsorgebewegung und mit weiteren Büchern wie etwa „Wahrnehmen und Annehmen"[8] die neue Seelsorgebewegung. Neben den psychotherapeutischen Impulsen von Carl Rogers kamen vor allem durch Joachim Scharfenberg die tiefenpsychologischen Impulse von Sigmund Freud und durch Helmut Harsch u. a. die Impulse von C. G. Jung in die Seelsorge hinein. Als gemeinsamer Name dieser neuen Seelsorgebewegung etablierte sich der Begriff „Pastoralpsychologie". Pastoralpsychologisch ausgerichtete Seelsorge ist so dominant geworden, dass Seelsorge offenbar mit Pastoralpsychologie identisch geworden ist, weil es daneben scheinbar keine andere Art von Seelsorge mehr gibt, die ernst zu nehmen wäre. Dieser Entwicklung entspricht die Monopolstellung der DGfP in der kirchlichen wie akademischen Seelsorgeausbildung: Wer die Zertifikate dieser privaten Gesellschaft nicht besitzt oder umgehend zu erwerben bereit ist, hat weder Chancen auf eine Krankenhauspfarrstelle, noch auf eine Stelle für Seelsorgeausbildung im Predigerseminar, noch auf einen Lehrstuhl für Seel-

---

[7] D. Stollberg, Therapeutische Seelsorge. Die amerikanische Seelsorgebewegung. Darstellung und Kritik, München 1970.

[8] D. Stollberg, Wahrnehmen und Annehmen. Seelsorge in Theorie und Praxis, GTB 293, Gütersloh 1978.

sorgetheorie an einer Hochschule. So weit ich sehe, ist es in keinem anderen Bereich der Praktischen Theologie wie etwa der Homiletik, der Liturgik, der Kybernetik, der Religionspädagogik oder der Hymnologie zu einer derartigen Monopolisierung durch eine private Gesellschaft gekommen, wie in der Pastoralpsychologie als der alles beherrschenden Seelsorge.

Wie ist es zu dieser Entwicklung gekommen? Ich will es wiederum an meiner eigenen Erfahrung zu verdeutlichen suchen: Mit jenem Praktikum des seelsorgerlichen Gespräches von Faber und van der Schoot, das ich damals verschlungen habe, kamen Methode und Haltung in meine Seelsorge, während der Verkündigungsdruck von mir wich. Das war eine große Entlastung. Ich wurde sicherer in der Seelsorge, wenn ich den methodisch eingeübten Haltungen im Gespräch folgte, um den Menschen zuzuhören. Nicht mehr bei mir und meiner Dogmatik war ich, sondern bei dem anderen Menschen, den ich am Krankenbett oder im Hause aufsuchte. Es ging um ihn und nicht mehr um meine ›message‹, die ich anbringen wollte. Und wenn ich anschließend ab und zu ein Gespräch aufschrieb und es als Gesprächsprotokoll anonymisiert einer KSA-Gruppe gab, dann wurde ich behutsam auf Fehler aufmerksam gemacht und für geglückte Wendungen gelobt. Kurz: Die psychotherapeutische Durchdringung und Ausrichtung der Seelsorge führte zu reflektierter Methode, zu akzeptierender Haltung, zu empathischem Zuhören – und das erwies sich als ein großer Gewinn in allen Bereichen der Seelsorge wie der Seelsorgeausbildung, so dass es geboten schien, nur noch diese Art von Seelsorge gelten zu lassen.[9]

Der Verlust ging mir erst ganz langsam auf, als ich gesagt bekam: meine Seelsorge und das damit verbundene Selbstverständnis als Pfarrer führe dazu, dass ich nur noch zuhöre, ja mich regelrecht ins Zuhören flüchte, während die anderen immer reden müssten. Das sei auf Dauer aber anstrengend. Wie an-

---

[9] Neuere Literatur: J. Ziemer, Seelsorgelehre, Göttingen 2000; M. Klessmann, Pastoralpsychologie. Ein Lehrbuch, Neukirchen 2004; ders.: Seelsorge. Ein Lehrbuch, Neukirchen 2008; D. Nauer, Seelsorge. Sorge um die Seele, Stuttgart 2007.

strengend solches Reden-Müssen sein kann, erfuhr ich am eigenen Leibe, als ich nach einer Operation von einem offenbar pastoralpsychologisch geschulten Krankenhausseelsorger besucht wurde, der mir empathisch zuhören wollte, während ich aber nichts erzählen konnte, weil ich noch zu schwach war. Es kam zu einem gegenseitigen Anschweigen, das sehr bedrückend wurde.

Das mögen nun pastoralpsychologische Fehler gewesen sein, denen ich an mir selbst und an anderen begegnete. Sie offenbarten mir jedoch eine ganz neuartige Schwäche in der neuen Seelsorge: Ich kann den von mir gelernten und eingeübten Methoden so sehr aufsitzen und von ihnen gefangen sein, dass ich zu einer offenen, freien Begegnung unfähig werde, ohne dass ich es selbst als Seelsorger merke, der andere aber um so mehr. Ich kann auch die humanistisch geprägte Psychotherapie von C. Rogers bis in meine Haltung als Seelsorger so stark internalisieren, dass ich von dem ihr immanenten Menschenbild geprägt werde, ich sei der Steuermann meines Selbst und müsse die positiven Kräfte meines Selbst durch Selbsterfahrung und Selbstverwirklichung aktualisieren, um es dann auch in der Seelsorge bei anderen zu tun. Das kann mich aber blind machen für eine Erfahrung, die Paulus in Röm 7,19 so beschreibt: „Das Gute, das ich will, tue ich nicht, sondern das Böse, das ich nicht will, das tue ich." Hier geht es um mehr als die Schatten, mit denen ich zu leben und die ich zu akzeptieren habe. Hier geht es um eine Perversion meiner Existenz, die mich zur Verzweiflung bringen kann, so dass ich mit Paulus in Röm 7,24 schreie: „Ich armer, elender Mensch, wer rettet mich aus diesem Todesleib"?

Wie ist mit diesem Schrei in der Seelsorge an mir selbst und an anderen umzugehen? Vielleicht habe ich mein Selbst gar nicht so fest im Griff, wie ich mir das im Vertrauen auf meine Selbsterfahrung und Selbstverwirklichung einbilde? Vielleicht bin ich in dieser Einbildung gar ein ziemlich komischer, aufgeblasener Mensch, was mir selbst freilich zumeist verborgen bleibt, anderen aber um so aufdringlicher wahrnehmbar wird?

„Krankheit zum Tode"

Zu diesen Fragen kam ich, weil ich Sören Kierkegaard[10] über viele Jahre hin entdeckte und studierte, auf den sich auch Carl Rogers immer wieder beruft: „Ich kann dieses Lebensziel, das ich in meinen Beziehungen zu meinen Klienten zum Vorschein kommen sehe, am besten mit den Worten Sören Kierkegaards darlegen: ‚Das Selbst zu sein, das man in Wahrheit ist.' Je mehr ein Therapeut zu diesem Selbst kommt, das er in Wahrheit ist, desto mehr kann er seinem Klienten dazu helfen, zu sich selbst zu kommen und ‚das Selbst zu sein, das man in Wahrheit ist'."[11] Seelsorge ist für Rogers ein Prozess zunehmender Selbstwahrnehmung, der dazu führt, dass ein Mensch Verantwortung für sich selbst übernimmt und bewusst wählt, wer er selber sein will. Das ist für Kierkegaard und, ihm folgend, Carl Rogers das humane Selbstverständnis, das auf der Voraussetzung beruht, jeder Mensch könne existierend sich selbst verwirklichen, sofern er nur sich selbst verstehe, ethisch gesehen ein hohes Ziel, auf das Carl Rogers seine Psychotherapie ausrichtet.

Kierkegaard indessen hat in seiner Schrift „Die Krankheit zum Tode" akribisch genau beschrieben, wie dieses ethisch hohe Ziel im konkreten Existieren des Menschen immer wieder verfehlt wird, weil der Mensch durch sich selbst nicht in ein seelisches Gleichgewicht kommen kann, sondern, verzweifelt um sich selbst besorgt, sich ständig verfehlt, mal vor sich selbst davon laufend, dann wieder verzweifelt sich selbst suchend. Wie es in Wahrheit mit ihm steht, kann ein Mensch nach Kierkegaard erst erkennen, wenn ihm klar geworden ist, dass er vor Gott existiert, der das Selbstverhältnis gesetzt hat. Das kann einem Menschen aber nur bewusst werden, wenn ihn eine Offenbarung von Gott her über sich selbst aufklärt. Von dieser Offenbarung will Rogers aber so wenig wissen wie von dem Sein des Menschen vor Gott, weil er auf

---

[10] In den folgenden Überlegungen beziehe ich mich primär auf S. Kierkegaard, Die Krankheit zum Tode, Düsseldorf 1957 und sekundär auf die vorzügliche Darstellung S. Kierkegaards durch M. Heymel, in: Ch. Möller (Hg.), Geschichte der Seelsorge, Bd. 3, Göttingen 1996, 85–101.

[11] C.R. Rogers, Entwicklung der Persönlichkeit, Stuttgart ⁹1992, 167.

der Flucht vor der calvinistischen Religion seines Elternhauses lebt, in dem er das Sein des Menschen vor Gott nur als Pessimismus und Dunkelheit erlebt hat. Deshalb sucht er nun seine Zuflucht bei einem optimistischen Menschenbild und verfällt dabei einer Illusion, die Kierkegaard als die allgemeinste Form der Verzweiflung genannt hat: der verzweifelten Unwissenheit darüber, dass der Mensch ein ewiges Selbst vor Gott hat.

Kann ich der „Krankheit zum Tode", wie Kierkegaard die Sünde genannt hat, entkommen? Es gibt keinen Ausweg aus der Verzweiflung, wie er sie, psychologisch genau, in ihren vielen Formen beschrieben hat, darin auch seine eigene Existenz mit beschreibend. Es gibt nur dieses Hin- und Herlaufen zwischen Selbstsucht und Selbstflucht in ihren tausend Varianten. Gibt es zwar kein Entkommen, so gibt es für ihn doch die Möglichkeit, sich durchsichtig zu gründen in der Macht, die das Selbst gesetzt hat und dadurch lernt, mit der Krankheit zum Tode umgehen zu können und zu ihr ein Verhältnis zu gewinnen.

Was es heißt, sich durchsichtig in der Macht zu gründen, die das Selbst gesetzt hat, ging mir zuerst an D. Bonhoeffers berühmten Text „Wer bin ich?" auf, wo es am Ende heißt: „Irres Fragen treibt mit mir Spott, wer ich auch bin, dein bin ich, o Gott!" Bei Kierkegaard geschieht dieses Sich-durchsichtig-in-Gott-gründen so, dass er seiner psychologisch-subtilen Schrift „Die Krankheit zum Tode" noch drei erbauliche Reden hinzufügt, in denen er dem an sich selbst leidenden und verzweifelten Menschen auf psychologisch und theologisch scharfsinnig-empathische Weise dazu hilft, sich in die Seelsorge Jesu zu begeben. Das klingt z. B. in der Rede über Hebr 4,15 („Denn wir haben nicht einen Hohenpriester, der nicht könnte Mitleiden haben mit unsern Schwachheiten, sondern der versucht ist allenthalben gleichwie wir, doch ohne Sünde.") so:

Und darum du, der du leidest, wer immer du bist, schließ dich nicht verzweifelt ein mit deinem Leiden, so als ob niemand, auch ER nicht, dich verstehen könnte; klage auch nicht laut und ungeduldig über deine Leiden, als wären sie so fürchterlich, dass auch ER nicht vermöchte ganz sich zu setzen an deine Statt: vermiß dich nicht dieser Unwahrheit, bedenke es, dass von allen, die da leiden, unbedingt und außer allem Vergleich unbedingt ER der ist, der am meisten gelitten (…) Er war kein Leidender, welcher Trost bei andern suchte, noch weniger denn, dass er ihn bei andern gefunden hätte, noch weniger denn, dass ER darüber geklagt hätte, ihn bei andern nicht zu finden, nein, ER war derjenige Leidende gewesen, dessen einziger, dessen schlechthin einziger Trost es war: andre trösten. Siehe, hier bist du zu der höchsten Höhe der Leiden gekommen, aber auch zu der Leiden Grenze, an der alles sich wendet, denn Er, eben ER, ist der Tröster. Du klagest, niemand vermöge sich an deine Statt zu setzen; du beschäftigst dich Nacht und Tag mit diesem Gedanken, und es kommt dir, möchte ich denken, vielleicht niemals bei, dass du andere trösten solltest: und Er, der Tröster, Er ist der Einzige, von dem es in Wahrheit gegolten, dass niemand vermochte, sich an seine Statt zu setzen – wie wahr, wenn ER solchermaßen geklagt hätte! – Er, der Tröster, an dessen Statt niemand sich setzen konnte, ER vermag ganz sich zu setzen an deine und an jedes Leidenden Statt.

Bei Kierkegaard habe ich gelernt, dass ich für andere nur zum Seelsorger werden kann, wenn ich verstehe, in Selbstseelsorge für meine eigene Seele zu sorgen, indem ich mich vor Gott als Sünder erkenne und bekenne. Kierkegaard bringt mich zu der Erkenntnis: „Gottes bedürfen, ist des Menschen höchste Vollkommenheit".[12] Eine Seelsorge, die den Menschen nicht auf seine Gottesbedürftigkeit anspricht, vermag ihn auch nicht wirklich zu trösten. Das Ziel christlicher Seelsorge besteht für Kierkegaard darin, einen Menschen in die Seelsorge Jesu zu führen, wo er für seine Seele wahren Trost findet.

Kongruente Beziehung in der Seelsorge

Kierkegaards erbauliche Reden brachten mich in ihrer nicht-direktiven Seelsorge keineswegs zum Rückfall in die kerygmatische Seelsorge, denn unter Verkündigungsdruck wollte ich nicht mehr geraten, damit ich nicht die Karikatur eines Seelsorgers werde, der mit der Bibel ins Haus fällt oder am Krankenbett seine Kanzel errichtet. Wonach ich vielmehr suche, ist die Kongruenz in der

---

[12] Das ist die Überschrift einer der vier Erbaulichen Reden Kierkegaards von 1844, 13. u. 14. Abt. der Gesamtausgabe, Düsseldorf 1964, 5–34.

Seelsorgebeziehung. Sie scheint mir in der Beziehung von Prediger und Hörer ausgeschlossen. Aber auch die Beziehung von Therapeut und Klient, wie sie für die Psychotherapie maßgeblich ist, scheint mir für die Seelsorge nicht ausreichend. Ein Klient sucht beim Therapeuten eine Behandlung, für die er zu bezahlen hat. Seelsorge dagegen ist nicht nur kostenfrei, sondern ihrem Wesen nach unbezahlbar, weil es um ein wechselseitiges Gespräch und eine wechselseitige Tröstung geht, „mutuum colloquium et consolatio fratrum et sororum", wie Luther die Seelsorge in den Schmalkaldischen Artikeln[13] nannte. Da wird nicht gepredigt und nicht therapiert, sondern miteinander gesprochen und gegenseitig getröstet.

Der Besuchsdienst, wie er in immer mehr Gemeinden und Landeskirchen aufblüht und gefördert wird, scheint mir ein gutes Beispiel dafür zu sein, was Luther unter dem wechselseitigen Gespräch und der gegenseitigen Tröstung der Geschwister versteht. Hier sucht und besucht man sich ja hin und her in den Häusern, nimmt sich nicht nur gegenseitig an, sondern gegenseitig auch auf, trinkt vielleicht Tee oder Kaffee miteinander, bringt sich eine kleine Überraschung oder auch nur den Gemeindebrief mit, erzählt, plaudert oder gerät in tiefe, ernste Gespräche und hilft sich auf vielerlei Weise gegenseitig in der Sorge um die Seele wie in der Sorge um das alltägliche Wohl und Wehe. Alles bleibt hier im besten Sinn des Wortes amateurhaft, d. h. eine Sache der Liebhaber von menschlichem Austausch und gegenseitiger Förderung.

Das schließt die professionelle Therapie in den kirchlichen oder staatlichen Beratungsstellen keineswegs aus. Sie kann wichtig werden, wenn sich in den alltäglichen Beziehungen zeigt, dass Therapie von Fachleuten unbedingt nötig ist, damit ein Mensch sich wieder für mitmenschliche Kommunikation öffnen kann. Wie schön aber auch, wenn ein Therapeut einen Klienten aus der Therapie wieder entlassen kann, und er weiß dann, wohin er ihn entlassen kann: in das alltägliche Hin und Her der Häuser und des amateurhaften Besuchsdienstes einer Gemeinde. Pfarrer oder Pfarrerin müssen bei diesem Besuchsdienst gar nicht un-

---

[13] BSLK 449, 12 f.

bedingt mitmachen, sondern allenfalls bei der Wahl zum Besuchsdienst auf die Gaben des einzelnen achten: Wem ist die Gabe der Kommunikation ebenso gegeben wie der Diskretion, und wer drängt sich vielleicht nur als hilfloser Helfer auf? Eine Begleitung und eine geistliche Förderung des Besuchsdienstes dürfte ebenso hilfreich sein, welche die Amateure auf keinen Fall zu Halbprofis machen will, sondern ihnen im Sinn von 1 Petr 4,10 Mut macht, mit der Gabe zu dienen, die jedem durch Gottes Gnade gegeben ist als die guten Haushalter.[14] Auch Seelsorge ist eine geistliche Gabe, die gefördert und weitergebildet sein will im gegenseitigen Erfahrungsaustausch am Leib Christi. Sich in so ein Netz von gegenseitigen Beziehungen hineinzustellen, ist auch für den Pfarrer oder die Pfarrerin eine große Entlastung. Es kann sich in diesem Zusammenhang zeigen, dass der Besuch des zum öffentlichen Amt ordinierten Seelsorgers unerlässlich wird, weil es gilt, das öffentliche Amt als Trostamt in die Waagschale der Seelsorge zu werfen, damit das seelsorgliche Beziehungsnetz der Gemeinde am Trost dessen fest gemacht wird, der ruft: „Kommt her zu mir alle, die ihr mühselig und beladen seid, ich will euch aufatmen lassen!"

Seelsorge in Gestalt säkularer und christlicher Beichte

Seelsorge, die in der Gemeinde durch den Besuchsdienstkreis gemeinsam mit dem Pfarrer oder der Pfarrerin wahrgenommen wird, ist ein Geschehen, das ganz weite Kreise ziehen kann und viele Seelsorgetalente umfasst, damit ein Seelsorgenetz geknüpft wird, das möglichst niemanden verloren gehen lässt, ob er nun in oder außerhalb der Kirche steht. Seit einiger Zeit gibt es Seelsorge von anonymen Selbsthilfegruppen der verschiedensten Art, die zwar gern die Gemeindehäuser der Kirchengemeinden benutzen, sich selbst aber bewusst säkular verstehen, um für jeden Men-

---

[14] Vgl. dazu ausführlicher Ch. Möller, Kirche, die bei Trost ist. Plädoyer für eine seelsorgliche Kirche, Göttingen 2005; und: Ch. Möller, Leidenschaft für den Alltag. Impulse reformatorischer Seelsorge, Stuttgart 2006, 44–81.

schen offen zu sein, auch den, der mit Gott oder gar Kirche nichts mehr anfangen kann. Ich bin der Überzeugung, dass die Kirchengemeinden gut beraten sind, wenn sie diesen Gruppen Raum geben, weil hier Seelsorge auf profane Weise geschieht, die für die Kirchengemeinden zuweilen vorbildlich ist.

Die Anonymen Alkoholiker z. B. beginnen ihre Sitzungen, indem jeder und jede sich ganz offen zu ihrer Sucht bekennen müssen: „Ich heiße XY und bin süchtig nach Alkohol!" Das ist, in säkularem Gewande, nichts anderes als ein Beichtbekenntnis in ritualisierter Gestalt. Warum ist das so? Weil die anonymen Alkoholiker die Erfahrung gemacht haben, dass der erste Schritt in die Freiheit damit beginnt, dass ein Suchtabhängiger sich zu seiner Sucht offen und freimütig vor anderen Mitgliedern der Gruppe und vor allem vor sich selbst bekennt. (Deshalb bitten sie auch die Kirchengemeinden für die Mitglieder ihrer Gruppe, die zum Abendmahl gehen, dass ihnen der Kelch mit Wein gereicht werde, damit sie diesen ganz bewusst zurückgeben können und so ihre neue Freiheit vom Alkohol vor sich selbst und vor Gott zeigen.)

Mich bewegt dieses Beispiel der anonymen Alkoholiker zu der Frage, wie denn Christen heute die Beichte zurückgewinnen könnten, zumal evangelische Christen, die die Beichte bis auf wenige Ausnahmen verloren haben, aber nun im Fernsehen miterleben müssen, wie in Talkshows der verschiedensten Art die Beichte auf säkulare Weise zurückkehrt. Ist die Beichte bei näherem Hinsehen vielleicht ein Ritual der Befreiung, mit dessen Hilfe den Menschen angeboten wird, sich zu ihrer Abhängigkeit zu bekennen und auf diese Weise erste Schritte in die Freiheit zu tun? Um welche Abhängigkeit geht es, wenn ein Christ sich als Sünder vor Gott bekennt? In Analogie zum Beichtbekenntnis eines AA-Mitgliedes müsste eine christliche Beichte lauten: „Ich heiße XY und muss angesichts von Christi Liebe redlicher Weise bekennen, dass ich süchtig nach mir selbst bin". Das ist ja im Kern auch gemeint, wenn es im liturgischen Beichtbekenntnis der Agende vor dem Abendmahl lautet: „Dich soll ich über alles lieben, meinen Gott und Heiland, aber ich habe mich selbst mehr geliebt als dich. ... Du hast mir meinen Nächsten gegeben, sie zu lieben wie mich selbst, aber ich erkenne, wie ich versagt habe in

Selbstsucht und Trägheit des Herzens". Je öfter ich dieses Beichtbekenntnis vor dem Abendmahl spreche und dann die Gemeinde frage, ob dies ihr aufrichtiges Bekenntnis sei, und ob sie Vergebung ihrer Sünde um Christi willen begehre, desto mehr wird mir an den vielfältigen Reaktionen aus der Gemeinde klar, wie befreit viele Menschen ihr „Ja!" rufen und nach Vergebung begehren, die ich ihnen dann auch im Licht von Christi Bevollmächtigung zuspreche: „Wem ihr die Sünden erlasst, dem sind sie erlassen; wem ihr sie behaltet, dem sind sie behalten!" Die darauf folgende Feier des Abendmahls ist wie eine Besiegelung und Versiegelung der Vergebung durch Christi Leib und Blut unter der Gestalt von Brot und Wein.

Nun bin ich gespannt, wie lange es dauern wird, bis die ersten in der Unzufriedenheit über die gemeinschaftliche Gestalt der Beichte im Gottesdienst nach der Einzelbeichte begehren werden, denn die Beichte kommt in der Einzelbeichte erst zu ihrer wahren, persönlichen, befreienden Kraft. Die gemeinschaftliche Beichte im Abendmahlsgottesdienst erinnert daran, dass es eine von Christus eingesetzte Beichte gibt, von der aber säkulare Gruppen wie z. B. anonyme Alkoholiker der Sache nach mehr wissen als die Christen selbst.

Vielleicht kann es mit der Wiederentdeckung der Beichte als einer Möglichkeit der Seelsorge auch so gehen, wie es mir ein Pfarrer aus Niedersachsen berichtete, der den Namen „Beichte" sorgfältig meidet, um so mehr aber in den Zeitungen annonciert: „Wo ich alles sagen kann". Er berichtet von dieser über mehr als 10 Jahre währenden Einrichtung:

> Bereits seit nahezu dreizehn Jahren stehe ich an zwei Nachmittagen (in der Woche) in der Sakristei unserer Kirche zur Verfügung. Dieses ist inzwischen eine feste Einrichtung geworden und trägt den Titel ›Wo ich alles sagen kann‹. Ich hatte zunächst mit einem Termin begonnen; auf Grund der großen Nachfrage sind es in der Zwischenzeit zwei Nachmittage geworden. Bisweilen wäre ein dritter Nachmittag denkbar. Die Sakristei unserer Kirche ist verhältnismäßig groß und trägt einen ganz eindeutig sakralen Charakter. Der Zugang ist über einen Seiteneingang der Kirche. In der Regel finden sich zwischen zwei und fünf Menschen ein. Es gibt keine Terminvereinbarungen im

Vorfeld. Im Blick auf die jahrelange Erfahrung unterteile ich die Gesprächssuchenden in drei Gruppen:

a) Sachfragen (Besichtigung der Kirche, Anmeldung einer Kasualie wie Goldene Hochzeit etc., Tauf- oder Trauegespräch)

b) Dezidiert theologische Fragestellungen (Die typische Einleitung lautet: ›Was ich Sie immer einmal fragen wollte?‹)

c) Seelsorgerliche Gespräche im eigentlichen Sinn.

Die Gruppen a) und b) nehmen ca. 40 % der Zeit in Anspruch; 60 % aller Besucher kommen mit einem seelsorglichen Problem – überwiegend handelt es sich um Eheprobleme, Erziehungsfragen und Ähnliches. Immer wieder wird deutlich, dass den Menschen zum einen die absolute Vertraulichkeit von Bedeutung ist, sowie die Möglichkeit, ohne Anmeldung und ungestört sprechen zu können. Dazu trägt vor allem der sakrale Charakter des Raumes bei. Sollen mehrere Menschen gleichzeitig kommen, warten diese in der Kirche. Nicht selten empfinden sie diese Situation als beruhigend und eindrucksvoll. Gerade in der dunklen Jahreszeit höre ich häufig, dass die beleuchtete Sakristei ein Moment der Sicherheit und Geborgenheit vermittelt, da man dort ›einfach so hingehen kann‹. Vielfach entwickeln sich aus den Gesprächen in der Sakristei weitere Besuche in den Häusern. Andere wiederum kommen über eine begrenzte Zeit verhältnismäßig regelmäßig zu mir und gerade im Blick auf eheliche Probleme steht nicht selten das Thema der Schuld im Mittelpunkt der Gespräche. Ausnahmslos alle Beichten meiner inzwischen fünfzehnjährigen Amtszeit finden – ganz agendarisch – im Zuge dieser Sakristeigespräche statt. Die Wirkung ist stets aufs Neue verblüffend. Nicht selten treffe ich auf Menschen, die bereits eine therapeutische Karriere hinter sich haben. Selbstverständlich gilt es sehr vorsichtig abzuwägen, welche Situationen weiterer Therapie bedürfen. Offensichtlich vermögen jedoch therapeutische Ansätze das Thema der Schuld nicht angemessen zu erfassen. Die Zusage der Vergebung Gottes ist für viele Menschen ein äußerst einschneidendes Erlebnis. Die Reichweite dieser Sakristeigespräche geht inzwischen weit über die Gemeinde hinaus. Ohne Krankenschein und ohne Termin in völliger Vertraulichkeit etwas sagen zu können, ist für Menschen wichtig. Selbst Kirchenferne oder Ausgetretene nehmen dieses Angebot wahr.[15]

---

[15] Vgl. Ch. Möller, Der heilsame Riss. Impulse reformatorischer Spiritualität, Stuttgart 2003, 51 f.

Was mir an diesem Erfahrungsbericht bemerkenswert erscheint:

1. Dass von „Beichte" dem Begriff nach so gut wie keine Rede ist, und dass vor allem in der öffentlichen Ankündigung eine so treffende und einladende Umschreibung gefunden worden ist: „Wo ich alles sagen kann". Offenbar ist es möglich, die Sache der Beichte wieder zu entdecken, ohne den belasteten Begriff zu verwenden. So ist es ja auch im säkularen Bereich der Selbsthilfegruppen oder der Medien, dass faktisch nach Beichtmöglichkeit gesucht wird, ohne dass der Begriff selbst genannt wird.

2. Auch von Sünde ist in dem Erfahrungsbericht keine Rede, weil ja auch dieser diagnostische Begriff durch eine unheilvolle Moralisierung belastet und blockierend geworden ist, als sollten Menschen dadurch schlecht gemacht und unter moralischen Druck gestellt werden. In der Sache aber geschieht in dem Erfahrungsbericht genau das, was das Befreiende an dem Sündenbekenntnis ist: Ein Mensch lernt zu dem zu stehen und das zu verantworten, was er ist und getan hat. Er gewinnt im Bekenntnis der Sünde vor Christus ein Ich, das schon im Zerfallen war: „Ich bin – aber wie viele bin ich eigentlich?" Nun aber heißt es in Anlehnung an die paulinische Klage in Röm 7: „Ich armer, elender, sündiger Mensch, wer errettet mich aus diesem Todesleib?", und siehe, die Erhörung meldet sich bereits: „Dank sei Gott für unseren Herrn Jesus Christus!"

3. Mit der Sakristei einer offenbar alten Kirche wird in dem Erfahrungsbericht ein Ort genannt, der nicht allzu privat, aber auch nicht allzu öffentlich ist, um ihn aufsuchen zu können. Und wenn mehrere zugleich kommen, warten einige in der dunklen, aber durch Kerzen erhellten Kirche, die offenbar eine geborgene, nachdenkliche Atmosphäre schafft.

Zum Schluss noch einmal die Frage nach einer kongruenten Beziehung in der Seelsorge: Schafft nicht die Beichte eine inkongruente Beziehung von Beichtvater und Beichtkind? Dann wäre das reformatorische Verständnis der Beichte verfehlt, die ins Priestertum aller Gläubigen gehört, in welchem ein Priester dem anderen die Beichte hört und ihm Absolution zuspricht, beide aber Gottesbedürftige sind, die auf Gnade angewiesen sind. Die radikale Kongruenz in der Beichte wie überhaupt in der seelsorglichen Beziehung stellt sich wie von selbst ein, wenn beide um ihr Sünder-Sein vor Gott wissen und in der Gemeinschaft begnadigter Sünder für ihre Seele sorgen, so dass sie auch miteinander das Morgenlied Heinrich Alberts singen können: „Hilf, dass ich an diesem Morgen geistlich auferstehen mag, und für meine Seele sorgen, dass wenn nun dein großer Tag mir erscheint und dein Gericht, ich davor erschrecke nicht."

3. Wenn der Heilige Geist predigt …

Es geschah ausgerechnet an einem Pfingstsonntag, und dann auch noch in der Heiliggeistkirche zu Heidelberg. Die Gemeinde wurde, wie jeden Sonntag, zum Abendmahl in den Chorraum eingeladen. Unter den vielen Menschen, die nach vorn kamen, befand sich auch ein relativ junger Mann mit einem etwas verschlissenen Parka. Er rief schon hinten in der Kirche: „Ich brauche Brot, Brot, ich kann nicht mehr von Marx und Mao leben." Und dann rief er noch den Namen eines Pfarrers, den ich zufällig kannte. Die Kirchenvorsteher wollten ihn eigentlich abweisen, weil er ziemlich heruntergekommen aussah und wie in Ekstase erschien. Er ließ sich aber nicht abweisen, sondern schnappte sich ein Stück Brot und wartete dann geduldig, bis ihm auch der Kelch gereicht wurde. Beim Verlassen der Kirche sprach ich diesen Mann auf den Pfarrer an, dessen Namen er gerufen hatte. Und schon waren wir im Gespräch. Ja, das sei der Pfarrer, der ihn vor 25 Jahren konfirmiert hat und ihm wie den anderen Konfirmanden immer gesagt habe: Wenn sie einmal nicht mehr weiter wüssten, könnten sie zum Abendmahl gehen. Da fange Gott mit ihnen neu an. Und er sei in diesem Gottesdienst durch die Predigt so sehr überwältigt worden, dass er unbedingt zum Abendmahl wollte, weil er darauf hoffte, irgendwie einen neuen Anfang für sein Leben zu bekommen. Eigentlich wollte er ja gar nicht in die Kirche, sondern in die Kneipe, aber die sei um 10 Uhr noch geschlossen, und so habe er sich in den Gottesdienst gesetzt und habe ungewollt auch die Predigt mit anhören müssen. Die fing mit den Sätzen an: „Das wäre ein wahrhaft pfingstliches Ereignis, wenn einer heute in der Kirche wäre, der redlicher Weise zu seinem Leben sagen müsste: VERDAMMT IN ALLE EWIGKEIT, und nun vom Apostel Paulus zu hören bekomme: SO IST NUN KEINE VERDAMMNIS IN DENEN, DIE IN JESUS CHRISTUS SIND!" Das habe wie eine Bombe bei ihm eingeschlagen. Ihm sei klar geworden, dass er in der Zeit der Studentenrevolution sein Leben mit Marx und Mao vertan und viel Zeit seines Lebens verloren habe. Mit seinen Eltern sei er zerfallen und wisse nun mit 40 Jahren nicht mehr recht weiter. Und da habe er sich an seinen Konfirmator erinnert und sei hungrig wie nie zuvor zum Abendmahl gegangen.

Ich lief neben diesem Mann her und staunte nicht schlecht über die Wirkung einer Predigt, die ich selbst als Hörer gar nicht so spektakulär erlebt hatte. Immerhin hatte uns der Prediger den schweren Text aus dem 8. Kapitel des Römerbriefes ordentlich und klar ausgelegt. Ob er aber ahnen konnte, welche enormen Wirkungen seine Predigt hatte? Natürlich nicht, denn das gehört ja gerade zu den seelsorglichen Wirkungen der Predigt, die weder ein Prediger noch sonst ein Mensch im Griff hat. Um so mehr aber gilt es mit der seelsorglichen Kraft des Heiligen Geistes zu rechnen, der sich im Hören einstellt und Menschenworte in Gottes Wort verwandelt, so dass einer, der nur zufällig im Gottesdienst sitzt, bis in die Tiefe seiner Seele hinein getroffen wird.

Was kann eine Gemeinde mitsamt ihrem Pfarrer oder Pfarrerin dafür tun, dass die Predigt zum Raum des Heiligen Geistes wird? Nun, sie können vor allem um das Kommen des Heiligen Geistes bitten: „O komm du Geist der Wahrheit und kehre bei uns ein". Sie können aber auch in der Predigtvorbereitung auf den biblischen Text so sorgfältig wie nur möglich lauschen, denn in, mit und unter diesem Text summt und brummt der Heilige Geist, der einen Prediger oder eine Predigerin erfüllen will, so dass sie verkündigen, was um Gottes willen an der Zeit ist. Und sie sollen mitsamt der ganzen Gemeinde damit rechnen, dass Gott in der Kraft des Heiligen Geistes tut, was er durch den Mund eines

Predigers sagt, der selbst der erste Hörer seiner Predigt – hoffentlich! – ist.

Ich könnte noch manches zu dem Zusammenhang von Gottes und Menschenwort hinzufügen und würde doch niemals eine Garantie dafür geben können, dass die Predigt tatsächlich zum Raum des Heiligen Geistes wird, denn ER kommt, wie ER will, und nicht wie wir wollen – und das ist gut so!

Übrigens rief mich nach jenem Pfingstgottesdienst abends noch eine Bekannte an, die auch im Gottesdienst war. Sie sei noch ein wenig verwirrt von diesem Ereignis am Vormittag, das für alle hörbar war. Irgendwie sei da der Heilige Geist in die Heiliggeistkirche hineingefahren, aber der sei gar nicht so schön, wie sie es sich von den lieblichen Pfingstliedern her immer vorgestellt hatte.

4. Weshalb der Segen ein Raum für alle ist (Lk 24,50 – 53)

Predigt zum Fest von Christi Himmelfahrt[16]

Himmelfahrt ist ein Ereignis, das Christen mit Juden und Moslems auf je verschiedene Weise gemeinsam haben. Von Elia, dem Propheten, berichtet das Alte Testament (2Kön 2,11 f), wie ein Wagen mit feurigen Rossen kam und Elia darauf gen Himmel fuhr. Ganz ähnlich glauben Moslems von ihrem Propheten Mohammed, dass er auf einem feurigen Pferd von der Kuppel des Felsendoms in Jerusalem gen Himmel aufgefahren sei.

Und was ist das Eigentümliche an Christi Himmelfahrt? Nach dem Bericht vom Schluss des Lukasevangeliums hob Jesus die Hände auf und segnete seine Jünger. „Und es geschah, als er sie segnete, schied er von ihnen und fuhr auf gen Himmel". Kein feuriges Pferd, kein feuriger Wagen, sondern ein segnender Auferstandener, der seine Jünger abschiedlich mit erhobenen

---

[16] Predigt zum 154. Jahrestag der Evangelischen. Diakonissenanstalt Stuttgart am Fest von Christi Himmelfahrt, Stiftskirche zu Stuttgart 2008.

Armen und also mit dem aaronitischen Segen segnet und so in den Himmel auffährt: „Der Herr segne dich und behüte dich; der Herr lasse sein Angesicht leuchten über dir und sei dir gnädig; der Herr erhebe seine Angesicht auf dich und gebe dir Frieden".

Diese uralten Segensworte Israels werden gleichsam das Testament Jesu, das er seinen Jüngern zurücklässt. Wenn seine Jünger anschließend „allezeit im Tempel waren, um Gott zu preisen" und dort wiederum vom Priester den aaronitischen Segen bekommen, werden sie ihn wohl niemals mehr hören können, ohne dass sie darin ihren Herrn und Meister wieder erkennen, wie er sie segnete und ihnen im Segen sein ganzes Leben schenkte.

Für Martin Luther wurde dieser lukanische Bericht von Jesu Himmelfahrt so wichtig, dass er in einer kleinen Schrift „Der Segen, so man nach der Messe spricht über das Volk" (WA 30 III, 574–582) den Ratschlag gab: Nicht mehr die trinitarische Segensformel solle am Ende des Gottesdienstes gesprochen werden, sondern der aaronitische Segen, weil er einen großen sprachlichen Reichtum in sich berge, und weil Jesus diesen Segen bei seiner Himmelfahrt seinen Jüngern wie sein Vermächtnis hinterlassen habe, damit sie ihn weitergeben. So kam es, dass bis heute der aaronitische Segen am Ende eines evangelischen Gottesdienstes steht, während es in der römischen Messe bei der trinitarischen Segensformel geblieben ist: „Es segne euch Gott der Allmächtige und Barmherzige, der Vater, der Sohn und der Heilige Geist".

Noch eine kleine Warnung zum rechten Verständnis von Jesu Himmelfahrt fügt Luther an anderer Stelle hinzu: „Darum ist Christus aufgefahren, weil er dort am meisten schaffen und regieren kann. Denn wenn er auf Erden vor den Leuten sichtbar geblieben wäre, hätte er nicht so viel schaffen können. … Darum hüte dich, dass du nicht so denkest, dass er jetzt weit weg von uns sei, sondern grad umgekehrt: da er auf Erden war, war er uns zu fern, jetzt ist er uns nahe." (WA 12,562) Wenn also am Ende des Gottesdienstes der aaronitische Segen gesprochen wird, kommt uns der gen Himmel Gefahrene und zur Rechten Gottes Sitzende ganz nahe, wie er auch jetzt, mitten im Gottesdienst, uns ganz nahe ist und jedem einzelnen nahe kommt, wenn ich euch die

einzelnen Zeilen des aaronitischen Segens so auslegen und zusprechen möchte, dass Ihr darin den mit seinem ganzen Leben
segnenden und in den Segen aufgehobenen Jesus Christus wieder
erkennt:

„*Der Herr segne dich und behüte dich*". Segnen heißt, einen
Menschen in den Schutz des Allerhöchsten nehmen, damit er
dort behütet und bewahrt bleibe. So wie Jesus es mit den Kindern
tat, als er sie segnete. Ach, diese Szene wird meistens zur Idylle
gemacht, weil es ja auch so sympathisch wirkt, wenn ein be-
deutender Mann sich zu Kindern herunter beugt und sie auf den
Arm nimmt. Dabei zeigt der biblische Zusammenhang, dass es
sich bei Jesus um Kinder handelt, deren Eltern mit dem Gedanken der Scheidung spielen: „Und wenn sich eine Frau scheidet
von ihrem Mann und heiratet einen andern, bricht sie ihre Ehe.
Und sie brachten Kinder zu ihm (sc. Jesus), damit er sie anrühre.
Die Jünger aber fuhren sie an." Klar, dass die Jünger sich so
verhalten, denn wo kommen wir hin, wenn der Rabbi sich nun
auch noch um die Scheidungswaisen kümmern soll. Er aber
„herzte sie und legte die Hände auf sie und segnete sie", weil er
weiß, dass diese Kinder den Schutz und die Hut des Allerhöchsten brauchen, um nicht schutzlos den Mächten dieser Welt
ausgeliefert zu sein.

Was soll uns daran hindern, unseren Kindern oder Enkelkindern die Hände aufzulegen, bevor sie morgens in die vollen
Busse, in den brausenden Verkehr, in die lärmigen Strassen und
in die stressige Schule losgehen? Es braucht ja nicht viel Gedöns,
keine großen Worte, sondern einfach die Hände auflegen und
ihnen den Segen des Allerhöchsten mit auf den Weg geben, bevor
sie mit PISA gepisackt werden oder sich gegenseitig auf dem
Schulhof das Leben schwer machen.

Oder was hindert uns, einem Kranken abends die Hände
aufzulegen, wenn er schon Angst vor den Schrecken der Nacht hat
und nicht weiß, wie er sie überstehen soll; oder morgens, wenn er
nach durchwachter Nacht mit schwitzendem Kopf da liegt – was
hindert es, so einem Kranken die Hände aufzulegen und ihn zu
segnen, um ihn in den Schutz und die Hut des Allerhöchsten zu
nehmen?! Es braucht ja keine großen Worte, sondern vielleicht

nur einen Tupfer gut riechender Salbe oder Öl, um ein Kreuz auf die Stirn zu malen, heißt doch Christ-Sein, wörtlich übersetzt, nichts anderes als Gesalbt-Sein.

„Der Herr lasse sein Angesicht leuchten über dir und sei dir gnädig". Segnen heißt, im Licht der Gnade einen Menschen gut sprechen, wie es das lateinische Wort „benedicere" und das griechische Wort „eulogein" sagt. Gut sprechen ist das genaue Gegenteil von schön reden. Gut sprechen kann harte Arbeit sein und voller Risiko stecken, wie wir an Jesu Szene mit der Ehebrecherin sehen. Sie standen mit ihren Steinen in der Hand schon rings um diese Frau und bildeten einen Damm der Verurteilung. Jedes falsche Wort hätte auch Jesus wie ein Stein an den Kopf treffen können, als er gefragt wurde, was er zu dieser beim Ehebruch erwischten Frau meine. Gut sprechen – das hieß jetzt, die anderen mit ihrer Sünde in den Prozess der Verurteilung einzubeziehen. Deshalb bückt sich Jesus erst einmal nieder und schreibt mit dem Finger auf die Erde. Zu gern wüsste ich, was Jesus jetzt geschrieben hat. Doch der Evangelist Johannes berichtet nur, was Jesus nun zu allen Beteiligten sagt: „Wer unter euch ohne Sünde ist, der werfe den ersten Stein". So beginnt bei Jesus das „Gut-Sprechen", indem er eine Gemeinschaft der Sünder zusammenspricht, denn wo von Sünde im Lichte der Gnade die Rede ist, werden Menschen barmherzig mit dem anderen, so dass sie ihre Steine fallen lassen. Aber auch das gehört noch zum Gut-Sprechen, dass Jesus zu der Frau sagt: „Geh hin und sündige hinfort nicht mehr", denn du hast es gar nicht mehr nötig, eine Sklavin deiner Begierde zu sein, sondern bist ein Geschöpf der Gnade.

Einen Menschen gut sprechen im Licht der Gnade und ihn auf diese Weise segnen, damit ihm Gottes Angesicht leuchte, ist nicht ungefährlich. Denken Sie nur an einen Stammtisch, wo gnadenlos über einen Politiker hergezogen wird, der natürlich weit weg ist, aber mit Schlagzeilen von Zeitungen eigentlich längst erschlagen. In so einer Stammtischrunde nicht mit den Hunden zu heulen, sondern einen Politiker mitsamt seinen Absichten gut zu sprechen, das kann mich selbst sehr schnell in die Schusslinie bringen. Und doch scheint es mir gegenwärtig dringender als je zuvor, Menschen gut zu sprechen im Licht der Gnade, die unser Land und unsere Stadt zu regieren haben, auch die Gewerkschaftsführer gut zu sprechen, die für ihre Mitglieder das Beste, nämlich Gerechtigkeit, zu erreichen versuchen.

Noch einmal: Gut sprechen ist das genaue Gegenteil von schön reden. Es heißt viel eher das, was Luther in seiner Erklärung zum 8. Gebot so ausdrückt: „Gutes von ihm reden und alles zum Besten kehren" – das kann zuweilen sehr harte und zugleich sehr wichtige Arbeit sein, zu der Gott seinen Segen gibt.

„Der Herr erhebe sein Angesicht auf dich und gebe dir Frieden". Das deutsche Wort „segnen" kommt nicht von dem lateinischen Wort „benedicere", sondern von „signare" und meint, einen Menschen und sein Leben mit dem signum des Kreuzes „signieren". „Des Morgens, wenn du aus dem Bette fährst, kannst du dich mit dem Zeichen des Kreuzes segnen" und „Des abends, wenn du zu Bette gehst, kannst du dich mit dem Zeichen des Kreuzes segnen", schlägt Luther als Einführung seines Morgen- und Abendsegens vor.

Was soll eigentlich das Kreuz, wenn es um den Segen geht? Dazu hat Jesus seine Hände am Kreuz festnageln lassen, damit er vom Kreuz her der ein für allemal Segnende ist und bleibe. So hebt er sein Angesicht auf dich, indem er am Kreuz auch für dich um Vergebung bittet: „Vater, vergib ihm, denn er weiß nicht, was er tut". So gibt er dir Frieden, indem er seinen Geist auch für dich in Gottes Frieden birgt: „Vater, auch für ihn, auch für sie befehle ich meinen Geist in deine Hände." Und so bleibt er zur Rechten Gottes dein Anwalt, wenn du dich endgültig und letztgültig mit deinem Leben vor Gottes jüngstem Gericht verantworten musst. Dann hast du keinen Rechtsanwalt mehr, aber einen Gnadenanwalt, der für dich vor Gott eintritt. „Vater", so wird er sagen, „sieh nicht an dieses verschusselte, verfehlte Leben, sieh an, dass ich auch für ihn meine Arme erhoben und habe festnageln lassen. Sieh an, es ist ein in meinem Namen signiertes Leben. Drum lass Gnade vor Recht ergehen!" Ein Freibrief ist das wahrlich nicht für einen Bruder Leichtfuß und für dessen Schwester Gleichgültigkeit. Es ist ein Gnadenbrief, der dir in höchster Not und Gefahr Frieden schenke möge, Frieden mit Gott, Friede mit deinem verpfuschten Leben, Friede mit dir selbst, der du dich oft nicht ausstehen kannst.

Dieser Friede Gottes, der höher ist als alle Vernunft, der regiere und bewahre eure Herzen und Sinne in Christus Jesus, unserm Herrn. Amen.

„Lasst die Kirche im Dorf!"

Sieben Konsequenzen

1. *„Lasst die Kirche im Dorf!"*, also dort, wo sie in einem überschaubaren Raum mit ihren Glocken alltäglich zum Gebet und sonntäglich zum Gottesdienst einlädt, manchmal auch mit der Hochzeitsglocke zur Trauung oder mit der Totenglocke zur Beerdigung ruft. Durch ihre Glocken bleibt sie für alle eine Kirche in Rufweite, die jeden aus dem alltäglichen Trott in die Beziehung zu Gott herausruft, sei es in einem Stadtviertel, einer Kleinstadt oder in einem Dorf. Deshalb heißt ja auch Kirche ursprünglich „ekklesia" d. h. die Herausgerufene. Die Kirche hat ausnahmslos alle herauszurufen und darf doch niemanden an den Haaren herbeiziehen.

2. „Lasst die Kirche im Dorf!" – und zerrt sie nicht in den Winkel einiger Frommer oder einiger, die sich besonders fortschrittlich dünken. Von Anfang an gilt in der christliche Gemeinde: „Hier ist nicht Jude noch Grieche, hier ist nicht Sklave noch Freier, hier ist nicht Mann noch Frau; denn ihr seid allesamt einer in Christus Jesus". (Gal 3,28) Eine Kirche für alle ist keineswegs Kirche für alles. Auch dadurch kann die Kirche in den Winkel geraten, dass wenige sie für ihre Ansicht, für ihr Anliegen, für ihre Gesinnung reklamieren und dadurch für andere versperren. Dann gilt es, um so öffentlicher und deutlicher den Gott anzurufen, zu predigen und im Abendmahl miteinander zu feiern, der in Jesus Christus der „Gott für alle" geworden ist.

3. *„Lasst die Kirche im Dorf!"*, wo sie mit ihrem Taufbecken zuweilen schon Jahrzehnte oder gar Jahrhunderte steht und die

Menschen an ihre Taufe erinnert. Manchmal meine ich in einer gerade zerstrittenen Gemeinde die alte Kirche mit ihrem Raum und ihren Symbolen flüstern hören: „Euch überstehe ich auch noch!" Dass Menschen von weither kommen und in weiten geschichtlichen Zeiträumen leben, wird gerade an alten Kirchen deutlich.

4. *„Lasst die Kirche im Dorf!"* – gerade in Zeiten, wo die Schulen und sonstigen kommunalen Einrichtungen aus den Dörfern verschwinden, wo die Einkaufsläden an die Stadtränder fortziehen, hat das Bleiben der Kirche am Ort eine zeichenhafte Bedeutung für das zurückgebliebene „Ensemble der Opfer" (E. Lange), das die Spritpreise immer weniger bezahlen kann, unbeweglich ist und am Ort bleiben muss.

5. *„Lasst die Kirche im Dorf!"* und behandelt sie nicht wie eine Patientin, die mit 1000 Reformvorschlägen und Events wieder auf Trab gebracht werden muss. Es könnte sein, dass die Kirche euch viel mehr zu geben hat, wenn ihr euch von ihr beschenken lasst und darum bittet: „Herr, erneuere deine Kirche und fange bei mir an!" Das „Plädoyer für unvollkommene Gemeinden"[17] kann hilfreicher sein als ständige Wachstumsparolen, die die Kirche in ein Treibhaus verwandeln.

6. *„Lasst die Kirche im Dorf!"* – d.h. auch: Lasst die Kirchensteuer dort, wo sie herkommt: in den Ortsgemeinden! In der schwedischen Kirche z.B. gibt es nur Mitgliedsbeiträge an die Ortsgemeinden, die zu 90 % in den Gemeinden bleiben, während 10 % an die Gesamtkirche abgegeben werden.[18] Auf diese Weise weiß eine Gemeinde, was ihre Mitglieder an Kirchensteuer aufbringen, und

---

[17] R. Knieling, Plädoyer für unvollkommene Gemeinden. Heilsame Impulse, Göttingen 2008.

[18] Falls Pfarrergehälter und Pensionskasse in der Kompetenz der Landeskirche bleiben sollten, wofür ja auch gute Gründe sprechen, wäre der Verteilschlüssel natürlich ein anderer, aber bei weitem nicht so, wie er sich im Laufe der Zeit immer mehr zu Ungunsten der Ortsgemeinden entwickelt hat.

dass man eben nicht mehr ausgeben kann, als man eingenommen hat. Wenn das Geld nicht mehr ausreicht, ist die Gemeindeverantwortung gefordert: Dann wird an die Gemeindeglieder herangetreten, die längst keine Kirchensteuer mehr zahlen, und sie werden um ihren Mitgliedsbeitrag gebeten. Vielleicht wird man sich dann auch mit einer Nachbargemeinde einen Pfarrer teilen oder gar eine gemeinsame Pfarrei bilden. Von einzelnen oder mehreren Gemeinden wird dann überlegt, welche übergemeindliche Einrichtungen zur Entlastung gebraucht werden, und welche nicht mehr nötig sind, weil z.B. Diakonie in der Nachbarschaft besser und kostengünstiger gestaltet werden kann. Aus einer von oben her kostspielig geleiteten Betreuungskirche werden dann Beteiligungsgemeinden, denen ganz neue Handlungsspielräume erwachsen. Ein Anfang mit zwei oder drei Gemeinden in jeder Landeskirche könnte so bald wie möglich gemacht werden, um Erfahrungen mit der neuen Verteilung der Kirchensteuern zu sammeln, von denen dann andere Gemeinden lernen können.

7. *„Lasst die Kirche im Dorf!"* – und d.h. lasst sie wieder zu ihrem reformatorischen Ursprung kommen, indem sie sich von der Basis der Gemeinden her aufbaut und nicht von einer hierarchisch oder betriebswirtschaftlich geprägten Spitze her, die ein Reformpapier nach dem anderen in bester Absicht erarbeitet, oder ein Programm (oder Aktion) nach dem anderen startet und dabei nicht selten ein „Millionengrab" nach dem anderen produziert. Stattdessen hieß Martin Luthers Devise: „Eine Gemeinde ahme die andere frei nach!" Was auf diese Weise an gelungenen Wegen erkannt wird, mag aufgeschrieben und anderen Gemeinden zur Kenntnis gegeben werden, die es wiederum „nachahmen" können oder auch nicht.

Praktische Ansichten eines Predigt-Profis

V&R

Christian Möller
Die homiletische Hintertreppe
Zwölf biographisch-theologische Begegnungen

2007. 205 Seiten, kartoniert
ISBN 978-3-525-61605-5

Christian Möller
Die homiletische Hintertreppe

Vandenhoeck & Ruprecht

Über die sprichwörtliche Hintertreppe führen die Predigten zu Martin Luther oder Sören Kierkegaard, über einen geerbten Talar zu Gerhard von Rad und manchmal über eine Reise nach Fernost zur Wiederentdeckung von »seelsorglich predigen«.

Christian Möller legt 11 Skizzen über das Predigen vor. Von seiner Art zu schreiben kann man lernen, was eine Predigt spannend werden lässt: Indem Möller persönliche Bezüge in seine Darstellungen verschiedener homiletischer Ansätze einbaut, zeigt er: Predigt ist immer persönliche Mitteilung an die hörende Gemeinde und nicht zuletzt Teil der Seelsorge.

»Das Buch überzeugt in seiner heiteren Ernsthaftigkeit und sei Studierenden und Predigerinnen und Predigern zur Lektüre empfohlen.« *Johannes Knöller, Theologie für die Praxis*

Vandenhoeck & Ruprecht

Trost und Trotz!

V&R

Christian Möller
Kirche, die bei Trost ist
Plädoyer für eine seelsorgliche Kirche

2., durchgesehene Auflage 2007.
205 Seiten, kartoniert
ISBN 978-3-525-60419-9

Dieser Band plädiert in vier Schritten für eine seelsorgliche Kirche, die aus dem biblischen und reformatorischen Quellen des Trostes zu schöpfen weiß. Dabei wird ein ebenso theologisch fundiertes wie an der Praxis orientiertes Konzept von Kirche entfaltet, die zu trösten wie zu trotzen versteht. Beides gehört zusammen und macht Kirche auch in unserer Zeit zu einem Ort des Aufatmens.

»Die aktuelle Relevanz und kirchenpolitische Brisanz des Buches, dessen facettenreiche Bearbeitung und nicht zuletzt dessen gute Lesbarkeit verlangen geradezu nach einer gemeinsamen Lektüre und Diskussion nicht allein im Theologenkreis, sondern auch in Presbyterien und Gemeindevorständen.« *Michael Schönberg, Deutsches Pfarrerblatt*

Vandenhoeck & Ruprecht